自殺対策の新たな取り組み

SNS相談の実際と法律問題

鳥飼康二・新行内勝善 編著

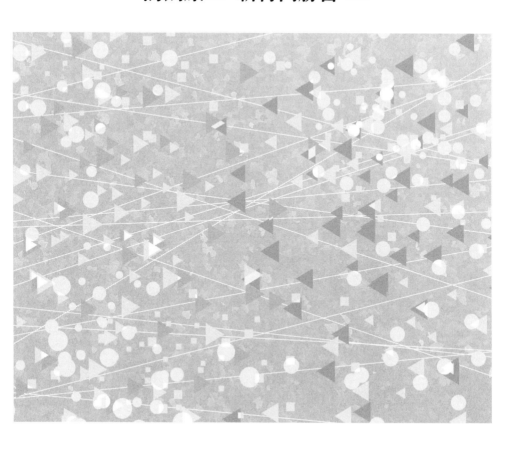

誠信書房

まえがき

　ある支援団体の方から，「カウンセリングに興味を持って勉強する人は多いのですが，自殺対策となると，なかなか担い手が集まりません。何かあったとき責任を負えないと感じることが理由のようです」と教わったことがあります。

　そのとき，弁護士としては，対応したカウンセラーが法的責任を負う可能性はかなり低いと感じましたが，そのような懸念が担い手不足の一因であるならば解消できるのではないかと考え，カウンセラーの法的責任論について執筆したり，研修会を実施したりしました。その縁もあって，自殺対策に取り組んでいるNPO団体とお付き合いが始まりました。

　一方，自殺対策の分野でも，従来型の電話相談に加えてSNSを通じた相談が広がりつつありました。そのようななかで，心理職の皆さんと共に自殺対策の最前線を紹介し，今後の発展につながる書籍を執筆しようと考えました。

　本書では，心理職（14名），法律職（3名），研究者（2名），ジャーナリスト（1名）がそれぞれの視点で自殺対策に関する諸問題を取り上げ，それぞれの知識経験に基づき現状や課題を記しています。

　まず，第1章「行き場のない心の声があふれるオンライン」では，オンラインにあふれる「死にたい」感情，SNS（オンライン）相談のはじまり，自殺対策としてのSNS相談の意義を説明しています。

　第2章「自殺対策における法律と各種SNS相談」では，自殺に関する法律の解説，各種のSNS相談の具体例を紹介しています。

　第3章「相談実践にあたっての法律問題」では，まず心理職から実際の現場で迷うことや悩むことを挙げてもらい，それを受けて法律職が法的視点から解説・検討を加えています。

　第4章「自殺対策 SNS 相談の現場」では，セキュリティ対策など技術的な問題，精神疾患，虐待，LGBTQ など自殺リスクが高いと言われる方々への対応など，SNS 相談現場の生の声を届けています。

　第5章「原因別にみる自死と法律問題」では，職場の過労，経済苦，いじめなどさまざまな自死原因に対して，法律でできること（法律でできないこと）という観点も交えて解説・検討を行っています。

　最後に第6章「今後の課題」では，目覚ましい発展を遂げている人工知能（AI）のカウンセリングへの活用可能性など，最新の話題や問題意識を記しています。

　本書が自殺対策に携わる皆さまの一助になることを願っています。

編者　鳥飼康二

目　次

第3章 相談実践にあたっての法律問題 　　55

第5章 原因別にみる自死と法律問題 169

第6章　今後の課題　　207

第 1 章

行き場のない心の声があふれるオンライン

1 オンラインにあふれる「死にたい」感情

（1）インターネットと自殺，インターネットと居場所 ──────

①インターネットと事件・自殺の結びつき

　「死にたい」という言葉は，SNSをはじめとしてインターネット上に跋扈^(ばっこ)しています。筆者が「死にたい」と思う人々とオンラインの関係に関心を持ち，取材を始めたのは，1990年代後半でした。日本の年間自殺者数が3万人を超えようとする時期でした。

　同じ頃，『完全自殺マニュアル』（鶴見，1993）がベストセラーとなっていました。その「あとがき」には次のように書かれています。

　　　自殺する人は心の弱い人なんてことが平然と言われていることにイヤ
　　気がさしたからってだけの話だ。…（中略）…「イザとなったら死ん
　　じゃえばいい」っていう選択肢を作って，閉塞してどん詰まりの世の中
　　に風穴を開けて風通しを良くして，ちょっとは生きやすくしよう，って
　　のが本当の狙いだ。
　　　　　　　　　　　　　　　　　　　　　　　　（鶴見，1993, p.195）

　『完全自殺マニュアル』は，97年10月に岡山県で「有害図書」に指定され，98年7月には岐阜県，10月には滋賀県で指定されました。その後，東京都でも「不健全図書」に指定されるかどうかの議論があるなかで，版元の太田出版が東京都を訪問しました。そして，「18歳未満の方の購入はご遠慮く

ださい」という文字が入った帯をつけました。自主規制したためもあるのか，「不健全図書」に指定はされていません。

　同じ頃の98〜99年，インターネット毒物配送事件，いわゆる「ドクター・キリコ」事件が起きます。『完全自殺マニュアル』と共通する考えとしては，今すぐ死ねる手段があるなら今すぐ死ななくてもいい，という気持ちになるのではないか，というものでした。

　この事件の舞台は，「安楽死狂会」というサイトのなかにあった，「ドクター・キリコの診断室」という電子掲示板でした。そこでは，ドクター・キリコを名乗る草壁竜次というハンドルネームの男性が，うつ病患者たちの相談に乗っていました。そこで草壁は，重度のうつ病患者のために，青酸カリが入ったEC（エマージェンシー・カプセル）を委託保管していました。いつでも死ねる薬があるなら，今すぐ死ななくてもいいと思うはず，との願いからです。草壁は複数のユーザーにECを渡しましたが，そのなかの一人の女性がECを飲んでしまい，亡くなりました。

　草壁は病院からの電話で，女性がECを飲んでしまったことを知ります。草壁は「その人が死んだら私も死にます」と言ったそうです。その後，警察が草壁と電話をしました。「ある人の紹介でシアン化カリウムを送った。仲介した人の名前は言えない」「自分もいつでも死ねるように青酸カリを持っている」。その後，草壁は自らも服毒自殺をしました。

　当時，筆者が取材をしていた若年層のなかには，『完全自殺マニュアル』を読み，そこで取り上げられている処方薬や市販薬を過量摂取（オーバードーズ：OD）していたという人もいました。幸い，彼らは死亡することはありませんでした。

②居場所としてのインターネット

　一方，オンライン上に自助グループのような電子掲示板が誕生してきたのも，90年代後半でした。筆者がこの頃たどり着いたのは，摂食障害や性被害に関する電子掲示板でした。

　「生きづらさ」というキーワードで『朝日新聞』の記事検索をすると，90年代前半の精神疾患や摂食障害に関連する記事がヒットします。このことから，「生きづらさ」は，当時の摂食障害のコミュニティで使われていた言葉だったと類推できます。

　さらに著者は同じ頃，オンラインのコミュニティとは別に，家出少年や援助交際をする少女を取材していました。彼ら彼女らに共通していたのは，「生きづらさ」のほかに「死にたい」という気持ちでした。取材した半数くらいの少年少女が，「死にたい」と思っていました。これらの事情を鑑みれば，90年代後半はオンラインかどうかにかかわらず，「死にたい」という感情が溢れていた時代だったと言えます。

　明確な自殺願望ではないですが，当時注目を浴びていた「テキストサイト」の一つに，「南條あやの保護室」（以下「保護室」）がありました。あやは「いつでもどこでもリストカッター」を自称し，「卒業式まで死にません」とよく言っていました。彼女は99年3月，高校の卒業式の後，向精神薬のOD後に亡くなりました。ただ，直接的な死因は薬物中毒ではなく，心臓の弁に穴が空いてしまったことです。日常的に自傷行為をしていたため，心臓に負担がかかっていたためとされています。

　「保護室」には掲示板があり，そこで知り合った人たちが別のサイトを作って，そこでコミュニティを作っていました。イズミ（仮名）は高校2年のとき「保護室」を知って，メンタルヘルス関連のサイトを巡るようになりました。そして自分でもテキストサイトを作り，電子掲示板も設置しました。そこで新たな人間関係ができていきます。

　イズミは中学時代，両親の離婚によって父親に引き取られ，母親とは会えなくなっていました。そのことが原因だったのか摂食障害になり，高校時代から精神科クリニックに通院するようになりました。「保護室」のあやも高校時代に通院歴があると書いていたため，イズミはあやにシンパシーを感じていました。

　しかし，イズミは次第に向精神薬のODをするようになり，昏睡状態に

なったこともありました。しかし耐性ができてしまい，次に手を出したのは
マジック・マッシュルームでした。マジック・マッシュルームは，当時は観
賞用として入手できましたが，2002年に「麻薬，麻薬原料植物，向精神薬及
び麻薬向精神薬原料を指定する政令」で規制され，入手困難になります。

　マジック・マッシュルームに依存していたイズミでしたが，依存物質が急
に入手できなくなったため，禁断症状が出ました。そこで縋（すが）ったのはリタリ
ンでした。リタリンは，当時は重度のうつ病患者に処方されていました。化
学式が覚醒剤に似ているとして，一部の患者の間では"合法覚醒剤"として
人気があり，ネットでも非合法でしたが，販売されていました。

　イズミに対する供給元はオンラインで知り合った恋人で，過去にリタリン
を違法に販売したとして逮捕歴がある男でした。さらにオンラインでリタリ
ンを供給し，供給されて楽しむコミュニティにも依存していきます。

　イズミは高校卒業後，ファミリーレストランでアルバイトをしていまし
た。そのため，イズミはリタリンの断薬を始めました。ただ，依存していた
薬を急に断つことは精神的に混乱をきたすため，精神状態が不安定になって
いきます。そのため，別の向精神薬を入手しODすることになります。そし
てある日，筆者宛てに「さようなら」とのメールが来ました。翌日，イズミ
の知人から連絡が入り，イズミが自殺で亡くなったことを知りました。

③オンラインの「死にたい」コミュニティ

　こうした話を書くと，「死にたい」という感情は，インターネットを介し
て増幅させると思われるかもしれません。たしかに2003年以降，インター
ネットで知り合った見知らぬ自殺願望の持ち主が複数人集まって自殺する，
「ネット心中」が連鎖していきます。2004年には，1回で7人が亡くなるほ
どの求心力がある自殺方法にもなりました。さらに2007年には，巨大匿名掲
示板「2ちゃんねる」に，硫化水素自殺の方法が書かれました。そのこと
で，この種の自殺が相次ぎました。

　こうした一連の出来事は，インターネットと「死にたい」という感情，そ

して実際に自殺する行動が結びつきやすいという面を見せつけました。

　しかし，「死にたい」とつぶやいたことでコミュニティができて，むしろ生の方向へ向かうことがあります。ただ，結果として自殺をしない人の数は表面に現れず，数値化されません。それに，マスメディアで取り上げられることも少ないです。

　もちろん，最終的に自殺しないかは分かりませんが，少なくとも筆者が90年代後半に知り合った人のなかには，今では死にたいと思うことが減り，生きようとしている人たちもいます。自傷や自殺未遂ばかりしていたが結婚し，子育てをしている人。離婚後に精神疾患を発症し，子どもが児童相談所に保護された人……。そうして，なんとか生き延びているサバイバーも少なくありません。

（2）SNSの片隅で「死にたい」とささやく ───────

①オンラインが引き寄せる恋愛と事件

　リアルな生活空間で生きづらさを抱えている若者たちにとっては，オンラインの空間は逃げ場の一つとなっています。オンラインでの出会いによって友達ができたり，恋人ができたりすることがあります。なかには世代を超えた友人関係を得たり，家族的な人間関係を得られたりすることもあります。

　たとえば，2022年4月に株式会社Ensportsが行った「未婚男女の恋愛と出会いに関する実態調査」[*1]で，「今の恋人と，どこで出会いましたか？」の質問に対し，「現在恋人がいる」（207人）と回答した人のなかで最も多かったのは，「マッチングアプリやSNS」（53人）で，「仕事関係」（48人）や「学生時代からの知り合い」（29人）を超えました。コロナ禍で，オンラインでの出会いの敷居が下がったことも影響しています。

　オンラインの出会いは，恋愛や結婚に結びつくばかりではありません。と

─────────────

＊1　https://www.ensports.com/magazine/research

きに，重要犯罪や性犯罪に結びつくことも指摘されています。警察統計では，その背景までは分かりませんが，2023（令和5）年の警察白書によると，児童（18歳未満）に限った，SNSに起因する事犯の被害者数は，重要犯罪のなかで毎年のように多いのは「強制性交等」です。2018（平成30）年以降は，年間で30件以上となっており，2022（令和4）年は49件となっています。「略取誘拐」も2016（平成28）年以降年間20件以上となっており，2021（令和3）年は86件となっています。「児童買春」は，2015（平成27）年以降年間300件を超えており，「児童ポルノ」となると2015（平成27）年以降は500件を超えて2019（令和元）年以降は600件を超えています。

　2022年1月，埼玉県越谷市のアパートで，ライブ配信をする女性（当時，33歳）が殺害された事件がありました。23年5月，被告人の男（26歳）の裁判員裁判がさいたま地裁（中桐圭一裁判長）で開かれました。検察側は懲役18年を求刑し，判決は懲役17年でした。この事件は，配信者とリスナー（視聴者）との間で起きた殺人事件として注目を浴びました。

　起訴内容や論告などによると，事件は22年1月27日に起きました。被告人は，元交際相手の女性が住むアパートのベランダに侵入しました。被告人はその場で待ち伏せし，ベランダの洗濯物を取り込もうとした女性を準備していた包丁で7回突き刺し，その後首を絞めて殺害しました。被告人はいったんアパートを出た後，もう一度アパートに戻りました。これは「死亡を確認するため」としています。そして，戻ったあともう一度首を絞めました。

　事件前に被告人と女性が会ったのは，1回だけでした。それにもかかわらず，被告人は女性を「元交際相手」と証言しました。検察側の論告でも同じ表現です。事件2日前の1月25日，被告人はインターネットで殺害方法や「殺人　初犯」というキーワードを検索しており，侵入方法については当日に検索しました。

　また，凶器の包丁（刃渡り約15.3センチメートル）も事前に購入し，殺害の準備をしていました。当日の27日，被告人は自宅のある茨城県牛久市から女性宅周辺を訪れて徘徊し，女性を殺害する機会をうかがっていました。約

7 時間にわたって待ち伏せをしていたといいます。

　動機は何だったのでしょうか。女性と被告人は，配信で知り合ったことを
きっかけとして交際しました。しかし，女性から被告人に対して，関係解消
のメッセージが送られました。

　《もうちょっとデートとかしてからのほうがいいかなと思った》

　《リスナーとライバーの距離を保ってもらえるかな》

　このとき，被告人はどう返したのでしょうか。被告人質問でこう答えまし
た。

　「普通に許可しました」。検察側は，「許可」という考えが「支配欲」の表
れだとしました。

　インターネットの出会いによって，恋愛感情が芽生えた被告人。二人がど
のように「交際」と思われるようになったのかの詳細なやり取りは，明らか
ではありません。女性は関係性を見直したいと思いましたが，被告人には殺
意が芽生えました。「ライバーとリスナーの関係に戻ろうと言われた。被害
女性が他の男のものになるなら殺してしまおうと思った」。

② SNS の片隅で「死にたい」とささやく

　インターネットで明らかに自殺を誘う書き込み，「自殺誘引等情報」もあ
ります。インターネット・ホットライン・センター（IHC)[*2]は警察庁から
事業委託を受け，インターネット上の違法情報や自殺誘引等の情報の通報を
受理します。そのうえで警察に通報し，プロバイダ等の管理者に削除依頼を
行っています。

　IHC が受理した「自殺誘引等情報」を過去 5 年で見てみると，2017年は
156件，2018年は2,582件，2019年は2,629件，2020年は4,329件，2021年は2,611
件などとなっています。2018年以降に件数が急増しているのは，前年の2017
年に「座間市男女 9 人殺害事件」（以下，座間事件）が起き，大きく報道さ

────────────

＊2　https://www.internethotline.jp

れたためだと思われます。

　座間事件で有罪判決を受けた男（死刑確定）は，SNSで「死にたい」な
どとつぶやく女性たちを見つけ出し，ダイレクトメッセージ（DM）や通信
アプリのLINEやカカオトークを使って，日常的にやり取りをしていまし
た。この事件によって，SNSに「死にたい」などのSOSを書き込む若者た
ちの存在が注目されました。

　そのため，厚生労働省はSNS相談事業を実施しているNPO等に助成金
を出し始めました（本章2を参照）。自殺対策としてのSNS相談が浸透して
きたとは言えるものの，10代の自殺者数は減ってはいません。座間事件後
も，SNSで「死にたい」などとつぶやく若者層が減ることはなく，類似事
件が止みません。

　2022年10月8日，北海道警は無職の男（札幌市在住）を銃刀法違反で現行
犯逮捕しました。男のアパートからは，小樽市在住の女子大生の遺体が見つ
かりました。

　二人のつながりは旧Twitter*3だと言われています。女子大生は，《首○
りってちゃんとロープ結べないと失敗しそうだし，飛び○りか飛び○みが現
実的なのかな？》などと，死をほのめかすつぶやきをしていました。そし
て，容疑者と思われるアカウント主に対し，《いきなりリプ申し訳ありませ
ん　依頼ってどんな内容のことですか？　詳しく聞いてみたいです。DMあけ
てるのでよろしくお願いします》とツイートしていました。

　実は，この事件に至る前に容疑者と会った他の女性がいました。サナエさ
ん（仮名，30歳）です。接点はやはり旧Twitterでした。「3〜4年前，容
疑者のTwitterアカウントから声をかけられました。最初，向こうから連絡
がありました。同じような精神疾患を持っていたので，仲良くなっていきま
した」

　容疑者は，旧Twitterでは，「#（ハッシュタグ）」を付けて，同じ精神疾

＊3　Twitterは2023年7月より「X」に名称変更となりましたが，本書では「旧
　　Twitter」と表記いたします。

患の人とつながる言葉を加えていました。「半年経って，『ご飯に行こう』とか『会おう』という話になりました。会ってもいいと思ったのは，LINE のやり取りで，『この人は信用できる』と思ったからです」。

　サナエさんは幼い頃，父親から顔に汚物をつけられた経験があります。その後両親が離婚し，母親と一緒に暮らしましたが，母親から「父親に似ている」と言われて暴力を振るわれました。「産まなければよかった」と言われたこともありました。また，小学校高学年のときにいじめに遭い，友人から「手首を切ると落ち着く」と教えられてリストカットをするようになりました。中学2年のときもいじめに遭い，自宅で首を吊って死のうとしました。地元のニュースに取り上げられたこともありました。希死念慮は今も消えません。

③オーバードーズ，市販薬依存

　オンラインでは，向精神薬や市販薬の OD に関する情報も集まります。動画配信アプリで，市販薬を OD した後にマンションから飛び降りたり，電車に飛び込んだりする瞬間を流す動画が拡散されることがあります。そのときに亡くなった少女たちのやり取りを見ていくと，市販薬名が書かれていたり，市販薬の写真が写っていたりします。そうすることで，市販薬でもハイになれることを情報としてつかみます。

　OD それ自体で死亡することは多くはありませんが，市販薬に依存する10代は増えつつあります。全国の精神科医療施設における薬物関連精神疾患の実態調査（2022年9～10月調査，2,468人）によると，10代の薬物依存患者（46人）の「主たる薬物」の65.2% が，風邪薬や鎮痛剤，咳止め薬などの「市販薬」です。2014年調査では「市販薬」はゼロでしたが，その後徐々に増加しました。

　ただ，飲酒が絡むと自殺行動を助長させることがあります。2021年5月，新宿歌舞伎町のホテル上層階から，10代の男女2人が飛び降りて死亡しました。コロナ禍では「TOHO シネマズ新宿」のある新宿東宝ビルの横にある

路地，いわゆる「トー横」に，SNS で流れていた動画をきっかけとして多くの若者が集まっていました。

　亡くなる直前の2人を見かけた少女は，「2人は時々，（市販薬の）ブロンとレスタミンを連続で OD していました。飲酒もしていましたし。トー横の子は OD するとき，ブロンが切れているとき，レスタミンでするときが多かった」と話しています。「男の子は時々，『死にたい』と話していました。お母さんから来る《どこにいるの？》とか《早く帰ってきて》などの LINE を，とても嫌だって話していたかな。たくさん LINE のメッセージが来ていたと思います。女の子は『家に帰りたくない』と言い，楽しく友達と話したり，お酒を飲んだりしていました」。

　向精神薬の OD で死亡した事件もありました。2021年12月，滋賀県守山市で女子高生（当時19歳）が薬物中毒で死亡した事件で，女子高生に大量の向精神薬を渡したなどとして，麻薬取締法違反と準強制わいせつの罪に問われた無職の男（39歳）の判決が2022年7月に大津地裁でありました。言い渡された判決は懲役3年，執行猶予5年でした。

　被告人は守山市の自宅で，SNS で知り合った女性（22歳。麻薬取締法違反で有罪確定）に，向精神薬の錠剤約100錠を無償で譲渡しました。翌日，被告人はその女性と女子高生に，50錠を無償で譲渡しました。また，被告人は薬物の影響で抵抗できない女性の下半身を触りました。女子高生はその後，倒れて死亡しました。大嶋真理子裁判官は，「女性らが多量摂取することを認識しながら多量の向精神薬を譲渡しており，人体に有害な影響を及ぼす危険性の高い犯行」としています（京都新聞，2022）。

　オンラインでのやり取りは，その時点での感情表出に左右されます。時間が経てば一歩引いて見ることのできるやり取りでも，その時点では周りが見えず，のめり込むことがあります。その危うさは紙一重なのでしょう。

2　自殺対策SNS相談のはじまり

（1）自殺対策のSNS相談がスタート ────────────

　オンラインにあふれる「死にたい」気持ちの数々，特に若い世代の，ときに悲痛さをさらに増す心の叫びの吐露。そして，そういった人々の弱みにつけこむ，悪意を持った人間のSNSにおける暗躍。そのなかでも最も凄惨だったのは，2017年8〜10月に，自殺願望のある女性に一緒に死のうなどと持ちかけて男女9人を殺害した座間事件でした。こうしたなか，これまでの電話や対面による自殺対策の相談ではどうしても手が届きにくかった人々に対して，支援の手を差し伸べるべくスタートしたのが，自殺対策のSNS相談です。

　厚生労働省の補助事業としてスタートしたのは，2018年3月の自殺対策強化月間でした。自殺リスクを抱えた若者への相談機会の確保を図る観点から実施された，広く若者一般を対象としたSNSによる相談事業です[4]。

　それまでは，自殺対策の相談というと，「いのちの電話」に代表される電話相談が主でした。「いのちの電話」は1953年に英国ロンドンで発祥し，日本では1971年に東京で始まりました。SNS相談はその45年後に，自殺対策の相談の一つとして加わりました。

（2）日本におけるSNS相談のはじまり ────────────

　自殺対策のSNS相談は特にそのモデルを海外に求めたものではなく，2018年3月に実施した13団体（表1-1）は，それぞれの経験や各団体の特色をもって行われました。

─────────

[4]　厚生労働省「SNS相談事業」（https://www.mhlw.go.jp/stf/seisakunitsuite/bunya/hukushi_kaigo/seikatsuhogo/jisatsu/snssoudan.html）。

　ほとんどの団体が初めての SNS 相談ではありましたが，SNS 相談自体については，それまで我が国でまったく行われていなかったということではありません。自殺対策に特化しなければ，2017年9月に，長野県が中高生等を対象に，「ひとりで悩まないで@長野」という LINE による相談を2週間実施しています。さらにさかのぼるとその前年の2016年には，札幌市男女共同参画センターが LINE による「ガールズ相談」を，チャイルドライン*5が Web チャット（第2章4（2）参照）での相談を，N 高等学校が Slack*6による相談を，それぞれスタートしています。いずれもダイレクトチャットでの相談*7です（新行内，2020）。

　この2018年に実施した13団体（表1-1）は，いずれも相談支援において実績のあるところでしたので，それぞれにおける相談支援の取り組みを活用・応用して取り組みました。はじめての SNS 相談であったための大変さ

表1-1　自殺対策強化月間（2018年3月）SNS 相談事業実施13団体

・特定非営利活動法人　BOND プロジェクト
・特定非営利活動法人　自殺対策支援センターライフリンク
・一般社団法人　社会的包摂サポートセンター
・特定非営利活動法人　東京メンタルヘルス・スクエア
・一般財団法人　全国 SNS カウンセリング協議会
・公益財団法人　関西カウンセリングセンター
・一般社団法人　全国心理業連合会
・特定非営利活動法人　ビフレンダーズ大阪自殺防止センター
・認定特定非営利活動法人　育て上げネット
・りばてぃー One
・特定非営利活動法人　OVA
・公益財団法人　さっぽろ青少年女性活動協会
・一般社団法人　日本いのちの電話連盟

＊5　チャイルドラインでは，本国英国で先行実施していたチャット相談を，英国から直々に講師を招いて相談員にトレーニングを行い，スタートしています。
＊6　世界で広く普及しているビジネス用のメッセージングアプリです。N 高等学校では，Slack 内で在校生が実名かつ予約制で，担当カウンセラーと1回50分の相談を実施しました。実名・担当制・継続可という相談の枠組みは，本書で紹介している匿名かつ一期一会を主とした自殺対策の SNS 相談とは異なる点です。

も多くありましたが，相談メッセージを送ってくる若者の多さとその苦悩とに驚き，今まさに社会に必要な相談手段であることを痛感し，カウンセラーとして大変大きなやりがいを感じました。社会からの注目も高く，マスコミによる報道もいくつもありました。

（3）自殺対策強化月間におけるはじめての SNS 相談，実施結果概要[8]

　このときは，1カ月間で延べ10,129件（1日平均327件）もの相談が寄せられました（表1-2）。LINE の友だち登録数は69,549人でした。

表1-2　相談延べ件数

SNS の種類別	LINE	チャット	Twitter[9]	総計
件数	10017	87	25	10129

①相談回数

　1相談者あたりの平均相談回数は1.2〜5.6回と団体による開きがありましたが，多くの団体では1〜2回の相談回数となりました。継続しての相談を希望する方は多くいたものの，相談を受けるカウンセラーの数が追いつかなかったという状況でした。

---

[7]　現在，SNS 相談と称されている相談は，LINE 等の SNS のダイレクトチャット機能を使った相談です。なお，SNS とはソーシャルネットワーキングサービス（Social Networking Service）の略称で，インターネット上のコミュニティサイトを指します。そのため，チャイルドラインらが行っている Web チャットによる相談は，SNS 相談とは言わないのではないかという指摘もあります。本書では厚生労働省のくくりに倣い，Web チャットなどオンラインにおけるダイレクトチャット機能を使った相談を含めて，SNS 相談としています。

[8]　厚生労働省「平成30年版自殺対策白書」（https://www.mhlw.go.jp/stf/seisakunitsuite/bunya/hukushi_kaigo/seikatsuhogo/jisatsu/jisatsuhakusyo2018.html）。

[9]　旧 Twitter は3月中旬より，1団体（NPO 東京メンタルヘルス・スクエア）が実施。

②年齢・性別

　相談者の年齢は，19歳までが最も多く（42.7％），次に20代（39.4％），30代（9.6％）と続きます。団体によりこの割合は異なりましたが，多くの団体で30代までの若年層が相談者の8〜9割を占めていたのが特徴的でした。性別では，女性87.9％に対して男性は12.1％。そして男女別，年齢別で見ると，年齢が上がるにつれて男性の比率が増えていきました。19歳まででは女性約9割・男性約1割でしたが，50歳以上では女性が5割強・男性5割弱と均衡してきました[10]。

③学生・仕事の有無

　学生・仕事の有無で見てみると，「学生」が40.6％，「仕事有り」が34.3％，「仕事無し」が25.1％でした。「仕事無し」の割合は年齢が上がるほど増えていき，20代では3割弱，30代では3割強，40代では4割強，50代では5割強が「仕事無し」でした。自死理由として経済的要因は大きな一つですが，やはり影響は大きいようでした。

④相談所用時間

　1回あたりの相談所用時間ではバラツキが見られました。最も多かったのは「30〜60分」で32.1％でしたが，「60〜90分」も24.5％ありました。しかしながら，「10〜30分」と短い時間の相談も10.9％あり，一方で「90〜120分」が13.0％，「120〜180分」が9.6％と，長い時間の相談も一定数ありました。

---

[10] 13団体のなかで最も相談件数が多かったのがBONDプロジェクトでしたが，この団体は10〜20代の女性のみを対象とした団体です。この団体への相談延べ件数は3,975件（うち，女性3,277件・男性3件）で，全団体合計10,129件の4割程度となります。これが，相談件数に占める10〜20代女性の割合が増加している要因の一つとなっています。

[11] 杉原氏は「相談者側が相談場面をコントロールする」ことと指摘しています。たとえば，匿名のSNS相談では相談者側の応答が途絶えることがありますが，これも相談者コントロールと捉えられます。

　これについては，はじめての慣れない SNS 相談のため，相談員にとっても相談者にとっても時間が余計にかかったことも考えられますし，「死にたい」といった相談を短時間で行うことが難しかったことも考えられます。また，そもそも団体によって，相談時間制限のルールに違いがあったこともあります。なお，相談時間の短さについては，SNS 相談に不慣れの影響もあれば，杉原ら（2019）が指摘している SNS 相談の特徴である，相談者コントロール[*11]という側面もあったものと思われます。

⑤相談内容
　相談内容別では，最も多かったのが「メンタル不調」（20%），次に「自殺念慮」（15%），「家族」（10%）でした。そして「学校」「男女」「勤務」と続き，それぞれ 8 ～ 7 % 程度ずつありました。性別で見ると，「メンタル不調」と「自殺念慮」が最も多いのは同じですが，以降に違いがありました。女性では「家族」「学校」「男女」と続き，11 ～ 8 % 程度ずつありました。男性では「勤務」が11.8%と多く，次に「学校」「経済・生活」「家族」と続き，それぞれ 9 % 程度ずつありました。女性では「家族」の相談割合が高く，男性では「勤務」の相談割合が多くあったのが特徴的でした。

（4）SNS 相談は相談の入口にとどまらない ──────

　さらに『平成30年版自殺対策白書』には，上記実施結果の後に「SNS 相談からの移行」についても加えられています。白書によると，電話や対面相談への移行は 9 団体，他機関へのつなぎは 3 団体，警察への緊急通報は 4 団体が行いました。そして，白書では最後に今後の課題を 5 点挙げており，その 2 点目に「SNS はあくまでも相談の入口。相談者の抱える課題解決のための，リアルな世界での支援につなげていくことが重要である」とありました。
　なお，電話や対面相談への移行を行ったのは13団体中 9 団体と，団体数は

多くありますが移行した相談数は多くはありませんでした。

　こうした点の捉え方，ひいては SNS 相談自体の位置づけや評価について
は，いくつかの可能性がありそうです。たとえば筆者は，電話や対面相談へ
の移行に関しては以下のように捉えています。

①電話や対面相談を希望しない人が多い

　SNS で相談してくる人は，SNS だからこそ相談してきたのであり，電話
や対面相談は希望しない人が多いです。そのため，電話や対面相談へ移行す
る人が多くなかったのでしょう。

②相談しやすい SNS 相談の件数が多い

　SNS 相談の特徴として，相談への入り口機能があります。これまで相談
を利用してこなかった人でも，電話や対面と比べると相談しやすいのが
SNS 相談です。だからこそ SNS 相談の相談件数が多いのであり，そのなか
で電話や対面相談に移行したケースが少ないながらもあったのでしょう。

③ SNS 相談だけで完結するケースが多い

　SNS 相談では，SNS 相談だけで完結する相談ケースも多くあり，そのた
め電話や対面相談へ移行しなくてよかったケースが，大勢を占めたのでしょ
う。

　また，警察への緊急通報については，以下のように捉えています。

④ SNS 相談ゆえにつなぎとめられた命

　SNS 相談だからこそ相談できたケースがあり，そういったなかで警察へ
の緊急通報につながり，一命を取り留めることができました。

⑤緊急通報が多くなる SNS 相談

　SNS 相談では非言語情報が少ないなど，相談者についての情報不足があります。また電話や対面と比べると，SNS では「死にたい」や「死にます」と言いやすくなる傾向もあります。そのため，警察への緊急通報をせざるを得ないケースが増えますが，実際には自死リスクが高くないケースや，虚言傾向のあるケースもありました。

　自殺対策の SNS 相談については，2018年3月より始まったとはいえ，まだまだ端緒についたばかりと言ってもよいでしょう。この先も，SNS 相談実践においてはさまざまな結果が得られ，解釈や評価，見直しが行われるなど，試行錯誤が続いていくものと思われます。

（5）自殺対策における SNS 相談事業ガイドライン ————

　厚生労働省は2018年3月からの取り組みを活かすため，2018年度にガイドラインの作成に取りかかり，2019年3月に「自殺対策における SNS 相談事業（チャット・スマホアプリ等を活用した文字による相談事業）ガイドライン」[12]（以下，ガイドライン）を公表しました。ガイドラインの目的は表1-3のとおりですが，他の相談とは異なる SNS 相談においての必要な技能や配慮等をまとめ，公開することで，社会資源としての自殺防止 SNS 相談事業の発展に資するためのものです。

表1-3　自殺対策 SNS 相談ガイドラインの目的

自殺防止 SNS 相談事業には対面相談とは違う技能，配慮が必要。こうした点を含め，自殺防止 SNS 相談事業実施団体のノウハウ等を集約し，公開することで，社会資源としての自殺防止 SNS 相談事業の発展に資することを目的として，ガイドラインを取りまとめた。

＊12　https://www.mhlw.go.jp/content/12200000/000494968.pdf

　ガイドラインは，平成30年度厚生労働省補助事業「若者に向けた効果的な自殺対策推進事業」のSNSを活用した相談に関する作業部会において議論され，取りまとめられました。作業部会委員は，2018年3月の自殺防止SNS相談を実施した団体等より全11名が担い，議長は自殺総合対策推進センター長の本橋豊氏が務めました（ガイドラインの内容については，第2章3参照）。

3　自殺対策SNS相談のセカンドステージ

（1）テレワークSNS相談スタート ——————————

　2018年3月にスタートした自殺対策のSNS相談は，当初よりカウンセラーもスーパーバイザー（以下，SV）も事務所に勤務して相談を行っていました。それから2年後，2020年に入り状況は一変しました。4月，COVID-19の緊急事態宣言による不要不急の外出自粛の影響を受け，対面や電話相談などカウンセラーが事務所勤務して行う相談は，ことごとく行えなくなってしまいました。

　そのようななか，テレワークでも対応可能と思われるSNS相談だけは，コロナという非常事態下では続けなくてはならないという，非常に切迫した使命感に背中を押されました。第1回目の緊急事態宣言（2020年4月7日〜5月25日）の2カ月前である2020年2月，東京メンタルヘルス・スクエア[13]（以下，TMS）では，東京メンタルヘルス株式会社と合同で，SNS相談をテ

---

[13]　特定非営利活動法人東京メンタルヘルス・スクエア（東京都豊島区，理事長：武藤収）は2012年の設立以来，「話をちゃんと聞いて理解くれる人が，そばにいる社会をつくる」ことを理念とし，約200名（2023年現在）のカウンセラーとともに，こころの相談を実施してきています。すべてのカウンセラーは，公認心理師や産業カウンセラー等，公的なカウンセラーの専門資格を保持し，相談活動をしています。自殺対策のSNS相談「こころのほっとチャット」は，2018年3月より実施しています。

レワークで行うためのプロジェクトチームを立ち上げました。

　テレワークでSNS相談を行うための懸念事項は、大きく2点ありました。①テレワークにおいて、カウンセラー・SV間の連携やサポートはどのように行うのか、そして②情報漏洩防止・セキュリティ対策はどうするか、の二つです。

①カウンセラー・SV間の連携・サポート

　テレワークでは、事務所で行っていたようにSVがカウンセラーをその場で即時サポートすることができるのか、警察との緊急対応時の連携はどのように行うのか、生命にかかわる重い相談内容に対応したカウンセラーたちの心の過負荷や疲弊はどうしたらよいのか等々、さまざまな懸念点がありました。

　この点については、カウンセラー数名とSVが1室に集まって事務所勤務しているときと同じ状況をつくるツールとして、ZOOMを使用することにしました。ZOOMで常時接続し、オンラインでフェイストゥフェイスで協力して行うことができました。さらに警察との緊急対応時の連携については、カウンセラーやSVの負担が増えるため、責任者がいつでもサポートに入れるよう待機しました。カウンセラーたちの心の過負荷や疲弊については、オンラインでのミーティングを頻繁に開き、さまざまに共有できる場を設けたりしました。

②情報漏洩防止・セキュリティ対策

　相談においては、守秘環境がないとそもそも成立しません、一番の基礎であり必須事項です。ここでの対策を誤ると、相談をストップしなくてはならなくなります。セキュリティ対策をぬかりなく行い、個人情報が厳重に守られたなかでSNS相談を行うことができるよう、情報セキュリティやITを専門とするカウンセラーやスタッフらを中心に、検討を重ねました。相談の土台である守秘環境を守り通すため、テレワークに必要な要件やルールを定

め，指針・マニュアル・手引き・チェックリスト等を作成し，相談者もカウンセラーも安心して SNS 相談に取り組める環境を整備していきました（これら2点について，詳細は第4章参照）。

（2）コロナ1年目の SNS 相談 ———————————————

2020年3月，TMS は厚生労働省の担当者との相談も行いつつ，テレワーク SNS 相談の試行をはじめ，少しずつテレワークを広げていきました。緊急事態宣言の翌日4月8日，厚生労働省の自殺対策担当より各都道府県宛に「新型コロナウイルス感染防止に向けた今年度の地域自殺対策強化事業への取り組みについて」という通達があり，そこでは「非対面型の相談となる電話相談及び SNS 相談は，積極的な実施の検討をお願いします」とありました。TMS でも，緊急事態宣言となり，カウンセラーは事務所に行けず，事務所での対面や電話相談ができない状況でしたが，SNS 相談はテレワークに切り替え，相談を一度も途切らせることなく続けていくことができました。

①2020年3月〜5月
あらためて当時の SNS 相談を振り返ると，2020年3月には，居場所のない家に閉じ込められてしまったかのような，子どもたちの悲痛な声が聞かれたのが印象的でした。また，4〜5月の緊急事態宣言下では，対面・電話相談のほとんどがやむなく相談停止となってしまっていたため，SNS 相談には最後の砦のように SOS を発する声がさらに多く聞かれました。

②2020年6月〜7月
緊急事態宣言が明け，6月にはコロナの感染者数が減っていきました。また6月には，新たに「こころのほっとチャット【新型コロナ関連】」もスタートしました。7月に入り「GoTo トラベル」が始まり，いよいよコロナ

から解放されるという期待が膨らんでいきましたが，その期待ムードのなか，コロナの感染者が再度増え始めてしまいました。コロナからの解放を期待していた分だけ，私たちの心は落差をもって落ちていったような感覚にもなりました。

③2020年8月以降

　そこで起きた著名人の自死の影響も，大変大きいものでした。SNS相談は，著名人の自死報道の際に限らず，ニュースや自治体の広報において度々インフォメーションされていきました。相談数は増え続け，報道の影響を受けてパンク状態になったこともしばしばありました。若年女性や子どもの自殺者数が増え始めたのもこの頃からでした。

　8月に入っても同様の状況は続き，自死を防ぐ最後の手段のため警察と連携した緊急対応が最も多くなったのも，この8月でした。子どもたちの自殺者数が夏休み明けに最も多くなるという報道もありました。9月には，座間事件から3年が経過したという報道があり，またSNS相談で最も利用者が多い層である20〜30代の女性たちが共感しやすい，女性著名人の自死の報道も重なってしまいました。SNS相談の現場は，日々パンク状態が続いていきました。予算も増額となり，カウンセラーも増員を重ねていきましたが，それ以上に相談数は増え続けていきました。

COLUMN 1

全国 SNS カウンセリング協議会と自殺相談

　SNS 相談が全国的に普及するきっかけとなった，2017年10月に起きた座間 9 人殺害事件は，SNS（旧 Twitter）のみでやり取りをし，会ったことも話したこともない人に会う，という行動を起こしました。これは，SNS を使い慣れていない世代にとっては大変驚くことですが，今の若い世代はテキストのコミュニケーションが当たり前で，逆に対面や電話での相談はハードルが高いようです。この事件を機に，早急に相談ツールのミスマッチを改善する方向に，国が動きだしました。

　そこで，SNS 相談のさまざまな整備や普及活動，カウンセラーの質の向上を図ることを目的として，心理カウンセラーの団体や相談システムを提供する企業等が連携し，共同で設立したのが，「一般財団法人全国 SNS カウンセリング協議会」です。

　座間の事件以降，全国 SNS カウンセリング協議会では，より若者に寄り添った相談を実現するために SNS 相談を国に提案し，2018年 3 月の厚生労働省「自殺対策強化月間」に，全国ではじめて SNS 相談を実施しました。その結果，3 月 1 〜31日の 1 カ月間で，相談延べ件数10,129件，友だち登録数69,549人の登録がありました（厚生労働省の自殺相談強化月間（3 月）SNS 相談事業実施結果）。

　当時は，毎日数十名体制で相談にあたりましたが，受けきれないほどの相談が続き，SNS 相談が社会に求められていたことを強く実感しました。同年夏には文部科学省からも予算がつき，子どもの自殺相談やいじめ相談にも SNS 相談が導入されました。

　座間の事件から 5 年が経ち，今では多くの自治体で，自殺・不登校・いじめ・虐待・DV・女性相談・ヤングケアラー・性的マイノリティーなどの相談窓口の普及とともに，相談件数も年々増加しています。全国

SNS カウンセリング協議会認定の SNS カウンセラーも，1,300名を超えています。

　令和 4（2022）年の自殺者数は21,881人（厚生労働省「令和 4 年中における自殺の状況」）[*14]で，うち小中高生の自殺者数は年々増加しています。SNS 相談をはじめたときに驚いたのは，「ヤッホー死にたい」というメッセージが来たことです。若者にとって「死にたい」は，「おはよう」とか「疲れた」と同じくらいの感覚で使われているようです。そこから丁寧に関わっていくと，「死にたい」というメッセージの奥にある，声なき悲鳴を聴くことができます。いざというときにスマートフォンから SNS で SOS を出すことができる「手のひらの中にある安心感」を持ってもらえることが，大切なのではと思っています。

　もちろん，SNS 相談は相談の入り口のハードルを下げる役割を果たしていますが，実際に問題を解決するためには，行政や然るべきサポートをしてくれる人とつながること，リアルな空間での居場所づくりが大切なのだと思います。匿名の世界からリアルな空間への橋渡しも，SNS カウンセラーの大事な役割です。だからこそ，SNS カウンセラーはカウンセラーとしての知識やスキルにプラスして，テキストならではのやり取りがきちんとできることが求められます。ただ，最近は SNS 相談が増えるにしたがい，十分なトレーニングを受けていないカウンセラーが相談を受けているケースも見受けられます。

　そこで，全国 SNS カウンセリング協議会では，SNS 相談のクオリティを保つために，勉強会やケースカンファレンス，倫理研修，スキルトレーニングなどを定期的に開催し，社会で役に立てる SNS カウンセラーを輩出してまいりたいと思います。

＊14　https://www.mhlw.go.jp/content/R4kakutei01.pdf

第2章

自殺対策における法律と各種 SNS 相談

1　自殺対策基本法の意義

　読者の皆さんは,「自殺対策基本法」という法律名を聞いたことがあるか
と思います。この法律は,平成18（2006）年に成立した初めての自殺関連の
法律です*1。ただし,「自殺対策」といっても,実際に自殺が生じた場合
に,この法律が直接何らかの対処法を示してくれるわけではありません。具
体的な事象に対しては,刑事責任であれば刑法,民事責任（賠償問題）であ
れば民法などの一般的な法律で対処することになります（詳しくは第5章）。

　それでは,自殺対策基本法にはどのような意義があるかといいますと,主
に「行政による取り組みを推進するための裏付け」という重要な意味があり
ます。自殺対策をするためには,行政自身が取り組むとしても,NPO 団体
などと連携して取り組むとしても,やはり予算（お金）が必要です。そこで
自殺対策基本法では,国（政府）と地方自治体に対して自殺対策の施策を策
定して実施する責務を課したうえで*2,「政府は,この法律の目的を達成す
るため,必要な法制上又は財政上の措置その他の措置を講じなければならな
い」*3,「国及び地方公共団体は,民間の団体が行う自殺の防止,自殺者の

---

*1　なお,現在の日本において「自殺」という文言が入った法律は,「自殺対策基本法」
　　と「自殺対策の総合的かつ効果的な実施に資するための調査研究及びその成果の活用
　　等の推進に関する法律」の二つです。後者は,令和元年に「自殺対策基本法」を補完
　　するものとして成立し,自殺対策に関する調査研究を行政がバックアップすることを
　　目的としています。
*2　自殺対策基本法3条。
*3　自殺対策基本法10条。

親族等の支援等に関する活動を支援するため，助言，財政上の措置その他の必要な施策を講ずるものとする」[*4]と定めています。

　このように，行政や民間が自殺対策にお金をかけて取り組む体制は想定されているのですが，具体的にどのような取り組みをするかについては法律で細かく規定されているわけではなく，現場に委ねられています。そのため，実際の取り組みの有無や程度はそのときの社会的関心に左右されてしまう傾向にあります。これについて高橋（2022）は「今やまさに自殺予防『ブーム』の観さえ呈している（いや，自殺者数が減り，すでにブームさえ去ってしまったかもしれない。あるいは，またCOVID-19流行で2020年にふたたび自殺者が増えて，再度ブームとなっていると言えるかもしれない。いずれにしても関心は一過性で，自殺者数が増えると大騒動になり，少し減るととたんに関心は減ってしまうというのがわが国の現状だ）」（p.425）と指摘しています。

　この指摘のように，自殺対策はときの「ブーム」に左右されてしまう面があることから，ブームが下火の時期に自殺が生じたとき，遺族など当事者からすれば，「行政の取り組みが不十分だったから自殺が起きてしまった（行政に対して法的責任を問いたい）」と思いたくなるかもしれません。これは行政の不作為を問う裁判となりますが，相当難しいのが現状です。

　その理由は，行政の取り組みには専門的な知識が必要となるため，具体的にいつどんな施策を講じるかについて，一般的に行政側に広い裁量が認められているとされており[*5]，司法（裁判所）は，よほど行政側が無策でない限り，行政側の法的責任は認めないのです。

　他の理由として，行政側の不作為と自殺防止の因果関係を証明することの難しさもあります。つまり，「○○という取り組みをしていたら，□□さんの自殺を防げたはず」ということを，それなりの確実性で証明しなければならないのです。

[*4]　自殺対策基本法22条。
[*5]　行政機関を訴えた裁判で，なかなか行政側の責任が認められないことの一因です。

　また，自殺対策基本法では「事業主は，国及び地方公共団体が実施する自殺対策に協力するとともに，その雇用する労働者の心の健康の保持を図るため必要な措置を講ずるよう努めるものとする」[*6]と定められています。しかし，職場で自殺が生じた場合，この規定を根拠にして事業主側の法的責任を直接問うことは難しいです。行政側と同様に，職場でどのような取り組みをするかについて裁量が認められますし，「努める」という努力義務でもあるからです。

　ただし，職場で自殺が生じた場合は，安全配慮義務（詳しくは第5章2参照）の問題となりますので，安全配慮義務を議論するなかで，自殺対策基本法に事業主の努力義務が定められていることが考慮されるでしょう（事業主側が「自殺対策なんていっさい知らない」と弁解しても，それは通用しません）。

　以上のように，自殺対策基本法は，存在するだけで自動的に効果を発揮するわけではなく，実際に取り組んでいる支援現場の方々の熱意と，それを支える社会的関心によって効果が決まると言えるでしょう。

2　自殺関与・同意殺人罪について

（1）自殺への関与を処罰する現在の法制度とその根拠 ───

①日本の現行制度
　現在の日本社会では，自殺する本人は罰せられません。つまり，自殺未遂で命を取り留めた人は，刑罰の対象となりません（自殺の態様により，民事上の責任が生じることは当然あり得ます。詳しくは第2章コラム参照）。

　他方で，刑法第202条（自殺関与及び同意殺人）は，「人を教唆し若しくは

---

*6　自殺対策基本法5条。

幇助して自殺させ，又は人をその嘱託を受け若しくはその承諾を得て殺した者は，6 月以上 7 年以下の懲役又は禁錮に処する」と定めています。

②海外の制度

現在，10 カ国以上の国・地域で自殺幇助が認められています。オランダ，ルクセンブルク，ベルギー，カナダ，コロンビア，スペインなどでは，積極的安楽死も合法化されています。自己決定権の尊重という考え方が国際的に広がるなかで，自殺幇助を認める国は増えていくと思われます。とはいえ，自殺幇助を受けるには厳しい条件があり，大半の国は不治の病を患う成人に限定しています。オランダとベルギーは，未成年者にも自殺幇助を受けることを認めていますが，国際的にはいまだ例外的というべきでしょう。

精神疾患を持つ人への自殺幇助も，厳しく制限されています。精神疾患は直ちに生命を脅かす病気とはみなされず，また，多くの国では正常な判断能力が条件の一つになっています。カナダは 2023 年中に精神疾患患者への自殺幇助を解禁しますが，国際的な趨勢となるかはまだ分かりません。

アジア諸国やアラブ諸国では，自殺自体が刑罰の対象となる国も少なくなく，長年の歴史のなかで培われてきた死生観の違いにもよるとされています。

③自殺への関与が罰せられる根拠をどこに求めるか

A．考え方の整理

日本において，自殺者本人は処罰されないのに自殺への関与（教唆・幇助）が刑罰の対象となることの根拠は何でしょうか。前述のとおり，自殺幇助を合法化する国が増えつつあることも考えると，簡単に答えは出ません。これまでの学説を整理してみましょう。

第一に，自殺自体が違法だとする考え方[*7]があります。これは以下の二つに分かれます。

a．国家的・社会的法益が害されるから，個人は自分の命を処分できないと

いう学説。

→これには，個人の尊厳・自己決定権の観点から批判があります。

b. 自己決定権は，その前提である生命の否定には及ばないとする（生命の否定については，自己決定権を否定する）学説。

→生命そのもののかけがえのなさを根拠とする考え方です。これに対しては，自己決定権を徹底すれば生命の処分も許されるはずだ，との批判があります（この考えを徹底すると，自殺は権利だとの主張に行きつきます）。

第二に，自殺は違法ではないが，他人の生命の否定に関与する者には固有の違法性がある，とする学説があります。しかし，違法でなくかつ完全に自由な意志のもとで行われる自殺に関与することがなぜ違法なのか，という批判に答えるのは困難でしょう。

B. 私見

私見では，上記第一のb.に立つべきと考えます。少なくとも今，私たちが生きている日本社会は，生命はかけがえのないものである，生きていること自体に価値があるという前提に立っています。前項で紹介した自殺対策基本法の第2条（基本理念）第1項が，自殺対策とは「生きることの包括的な支援」であると定めていることにも，それが表れていると言えるでしょう。

自己決定権（個人の自由）も，自分の生命（「生きること」）を否定することまでには及ばないというべきです。自殺は処罰されないというだけであり，合法ではなく違法であり，まして権利ではありません。だから，違法である自殺を教唆したり幇助したりすること，同意があってもその人を殺すことは，刑罰の対象になるのです。このように説明することになろうかと思います。

＊7　自殺を違法と考える背景には，「実行犯ではない加担者が罰せられる理由は，違法行為を助長したからである」という刑法の基本概念があります。つまり，自殺という実行行為が違法ではないとすると，加担者を罰することに矛盾が生じてしまうのです。

　とはいえ，以上はあくまでイチ法律家の私見にすぎません。カウンセラーがこのような土台に立って，「確固として」相談者に接することは常に効果的なのか，という問題はあります。「私にだってせめて死ぬ権利くらいはあるはずでしょう？」と，承認を迫ってくる相談者もいるだろうからです。そこで「自殺は違法か否か」「自殺は権利か否か」という土俵の上で会話を展開することが，相談者のためになるとも思えません。相談者のその時点での心境や死生観を全否定しない受容的な受け答え，寄り添う姿勢が必要なのだろうと思います。

（2）裁判例の紹介と考察 ─────────────────

①座間事件（東京地裁立川支部令和 2 年12月15日判決）

　座間事件については他章でも論じられていますので，ここでは判断された理由（量刑判断）について説明します[8]。

　裁判所は，量刑判断において，①被害結果（9 名殺害）は極めて重大であり，死者としての尊厳も踏みにじられ，被害者遺族の処罰感情が峻烈であること，②犯行態様には計画性が認められ，精神的に弱っている被害者を誘い出す手口は狡猾，巧妙で卑劣であり，人命侵害等の危険性が高い犯行であること，③犯行動機は金銭目的，性欲を満たす目的，口封じ目的と身勝手であって，酌量の余地はまったくないこと，④ SNS の利用が当たり前となっている社会に大きな衝撃や不安感を与え，社会的な影響も非常に大きいこと，などを挙げました。

　そして，被告人の反省状況について，裁判所は「公判廷で『後悔』という言葉は口にするものの，逮捕されたことへの後悔や，被告人に好意を示した一部の被害者については殺さずに口説いて交際すればよかったなどという自

---

[8]　座間事件は，被告人側は「被害者の承諾があったから自殺関与罪である」と主張しましたが，判決では承諾は認められず，強盗殺人罪などの成立が認められ，死刑が言い渡されました。

分本位な後悔にとどまっており，なぜ人命を著しく軽視し，多数の尊い命を奪うことになったのかを省みる説明はしていない」と断じています。

②静岡地裁浜松支部令和3年11月17日判決

　被告人は自らも自殺願望があったところ，SNS（旧 Twitter）で自殺願望者A（当時15歳）を見つけて，「予定では3月15日に浜松で。車で練炭で。車とお金は僕が出せます」「未成年なので，親御さんに探されたら僕は誘拐で逮捕になっちゃいます。ご家庭のフォローよろしくお願いします」「僕と二人だけど大丈夫？」等のメッセージを送信して，駐車場でAを乗せてキャンプ場に連れていき，テントにテープで目張りをして練炭を焚き，睡眠薬を服用させてAを自殺させました。裁判所は，未成年者誘拐罪，自殺幇助罪の成立を認めて，懲役3年（執行猶予5年）の有罪判決を言い渡しました。

　裁判所は量刑判断において，「被告人は，一人で死ぬことが怖かったからという身勝手な動機に基づき，犯行実現に向けて集団自殺の計画を具体的に練り上げ，被害者では手配不可能な集団自殺に必要不可欠な物品（練炭等）を自ら準備するなど，被害者の自殺を援助し，その実現可能性を高める程度の大きいものであり，被告人の幇助行為があってはじめて被害者の自殺が実現した」と断じる一方で，犯行の7日前に「若い時にはコンプレックスや劣等感，学校や家庭の事情など色々と悩んでしまい消えたい。いなくなりたい。って思ってしまうものです。将来幸せだって思う時が来るかもです。死んでしまっては何もかもが終わりです。しつこいですが本当に大丈夫ですか？」などの葛藤から，中止を提案したにもかかわらずAが自殺を強く希望したこと，自首が成立すること，罰金前科1犯のほかに前科はないこと等の酌むべき事情を指摘して，執行猶予付の判決としました。

　刑法（刑罰）の目的の一つに，「犯罪を抑止すること」が挙げられます。つまり，犯罪行為をしようと頭をよぎったとき，刑罰を課されるかもしれないから止めようと自らブレーキがかかることを期待するのです。そういう意味では，自殺関与罪の存在によって自殺の抑止効果が期待されますが，そう

単純ではないことは裁判例（特に座間事件）から分かると思います。

　SNS 相談のカウンセラーの皆さんには，自殺を手伝う救世主の如く装い，自己の欲望を満たすために若者を誘い出す人物がいること，そのような人物にとって，刑法（刑罰）の存在は犯罪抑止力として機能しないことを，知っておいていただきたいです。

③川崎協同病院事件（最高裁平21年12月 7 日決定）

　自殺あるいは自殺への関与からは少し話がふくらんでしまいますが，医療現場において本人の意思が不明な状況の下で，家族の要請があったことを理由に，死ぬことについて患者本人の同意を推定できるかが争点となった著名な例を紹介します。

　平成10（1998）年，川崎市の川崎協同病院で，医師が家族立会いの下，死亡することを認識したうえで昏睡状態の患者の気管内チューブを抜いたところ，予想に反し苦悶したため，筋弛緩剤を投与し患者を死亡させたという事件がありました。医師は殺人罪で起訴され，弁護人は法律上許される治療中止にあたるとして無罪を主張しましたが，一審・二審とも有罪，最高裁第 3 小法廷が上告を棄却し，有罪が確定しました。

　東京高裁判決は，患者は死期が切迫していたとは認められないと判示しました。最高裁も，「脳波などの検査をしておらず，余命について的確な判断を下せる状況にはなかった」として，抜管行為は患者の推定的意思に基づくとは言えないと判示しました。他方で東京高裁は，医師は家族の要請で抜管を決断したと認定し，事後的に非難するのは酷な面もあるとして，殺人罪としては非常に軽い，懲役 1 年 6 カ月執行猶予 3 年としました。

　患者が意思表示できない下での，延命治療の中止の是非が争点となった初めての最高裁判決ですが，中止の要件について明確な判断は示されませんでした。少なくとも，回復可能性や余命について的確な判断を下せる状況であり，家族に適切な情報が伝えられなければ，家族の意思を通じての患者の推定的意思が認められる余地はないと言えるでしょう。

3 自殺対策SNS相談ガイドライン

　厚生労働省は，2018年3月からの自殺対策のSNS相談の取り組みを活かすために，2018年度にガイドラインの作成に取りかかり，2019年3月「自殺対策におけるSNS相談事業（チャット・スマホアプリ等を活用した文字による相談事業）ガイドライン」[*9]（以下，ガイドライン）を公表しました。ガイドラインの構成は，表2-1のとおりです。

表2-1　自殺対策SNS相談ガイドラインの構成

『ガイドライン』 1　はじめに 2　相談事業実施団体の責任者の方へ 　Ⅰ　相談体制等 　Ⅱ　利用者に周知すべき事項等 3　相談を行う方へ 　Ⅰ　相談を行う基本姿勢 　Ⅱ　SNS活用の強み・弱み 　Ⅲ　文字による相談の注意点 　Ⅳ　相談の流れ 4　参考資料
別冊1　『相談員研修の主な項目』 　相談員が相談を行ううえで，最低限必要な項目及び参考資料を記載。 〈主な項目〉 　○相談を受けるに当たっての基本 　○自殺・自殺対策に関する基礎知識 　○自殺対策に関連する社会資源 　○若者を取り巻くインターネット環境 　○演習（ロールプレイを含む）等
別冊2　『事例集』 　相談員の研修に利用することを想定し，実際の相談事例を参考に作成。ガイドラインとの対応や，応対のポイントを記載（13事例を掲載）。

---

*9　第1章2（5）参照。

　ガイドラインは大きく二つの柱からなります。一つは相談を実施する団体向けの指針，もう一つは相談を担う相談員向けの指針です。

（1）実施団体向けの指針

　実施団体に対して，相談体制（相談員や相談対応），相談利用者に周知すべき事項等について記載しています。

①相談員について

　まず相談員については，自殺防止相談業務やソーシャルワーク等の経験者や，心理カウンセリング等の資格や経験のある者としています。そして，対面相談とは異なる点が多い SNS 相談に合わせた対応の研修[10]が必要であり，初任者研修をすることとしています。また，継続して定期的に事例検討などの研修も必要としています。

　相談員の配置は，緊急時の保護が必要なケース等に備え，複数名配置します。また，相談員とは別にスーパーバイザー[11]（以下，SV）や，つなぎ支援コーディネーター[12]（以下，CD）の配置が望ましいとしています。

　加えて，相談員への支援も挙げています。相談員が命や暮らしの危機に関わる話を聴き続けることの，心理的負荷を考慮しなければなりません。「相談員が，自分の心を守ることができ，バーンアウトすることのないよう，たとえば毎日の相談終了時のミーティング等で相談内容の共有（デブリーフィ

---

[10]　ガイドラインには『別冊1　相談員研修の主な項目』もあります。

[11]　SNS 相談の SV は，相談員の相談対応を支援・管理する役割です。なお，一般に心理臨床における SV というと，相談員と個別に面接室で相談・指導していくことをいいますが，SNS 相談における SV は役割がやや異なります。SNS 相談における SV は，今まさに現在進行中の何名もの相談員の相談を，その場で見ながら，相談員の対応を支援・管理する役割です。いわば，相談チームの現場監督的な役割と言えるでしょう。

[12]　つなぎ支援 CD は，SNS での相談からリアルな世界での支援につなげていく役割を担います。つなぎ支援 CD については，第4章3もご参照ください。

ング）を図ったり，希望する相談員には専門家との面談機会を設けたりする
等，相談員（支援者）への支援を意識的に行うことが望まれ」るとしていま
す。

②相談対応について

相談対応については，SNS 相談の限界を踏まえることが必要であり，電
話・対面も用意したり，リアルな世界での支援につなげられたりするように
しています。また，SNS 相談では多数の相談が寄せられることも多くある
ため，自殺防止の観点から，相談対応優先順位*13を意識して相談すること
としています。

③相談利用者に周知すべきこと

SNS 相談では，利用者に利用案内等で，以下のことを周知するようにし
ています。

- 相談受付時間外には応答できないこと。また，相談時間内であっても相
  談状況により，すぐに対応できない場合があること。
- 相談のプライバシーは確実に守られること。ただし，緊急対応時には，
  関係機関と情報共有しつつ対応することがあること。

上記以外でも，利用者に周知すべきことをいくつか挙げています。たとえ
ば，SNS ならではのところでは，相談利用者によって相談内容が SNS など
を通してネット上に流出・拡散される可能性です。意図的な抜粋による拡散
は本来の意図が伝わらず，SNS 相談の信頼性が損なわれる恐れがあります。
そのため，流出や拡散をさせないことを周知する必要があります。

---

*13　電話相談では話を聞くまで相談内容はわかりませんが，SNS 相談では事前に相談内
　　容の書きこみがあれば確認ができます。このため，相談対応の優先順位づけも可能と
　　なるわけですが，これは自殺対策の相談における大きな利点となっています。

（2）相談員向けの指針 ─────────────

　ガイドラインのもう一つの柱は，相談を行う相談員向けの内容です。ここでは，ガイドラインのなかから特徴的と思われるものをいくつか取り上げ，さらにガイドライン内容を補完する説明も適宜加えます。なお，相談現場での対応は，3章，4章もあわせてご参照ください。

①自殺にかかる相談を行う基本姿勢

　ガイドラインではまず，自殺にかかる相談を行う基本姿勢を挙げています。基本姿勢は，SNS相談に限らず，対面や電話でも同様に留意する必要があります。

　基本姿勢の1点目は，生きることの包括的な支援であり，自殺以外の選択肢を提示することです。相談者の気持ちに寄り添うことに加え，生きようとするために必要な支援を受けたいという思いを伝えた相談者に対して，自殺以外の選択肢（支援策）を提示するなどしていくことが必要です。

　基本姿勢の2点目は，問題解決の先取りをしすぎず相談者のつらさを共有すること，つまり傾聴の姿勢です。相談者のつらさの理解や気持ちの受け止めが足りないまま，相談員が解決策を考え始めてしまうと，相談者としては「分かってもらえていない」となります。このため，せっかく良い解決策を提示したとしても，解決にはなかなかつながらないでしょう。

　基本姿勢の3点目は，「決めるのは相談者」ということを自覚することです。相談員が相談者の代わりになることはできません。判断の主体は相談者であり，相談員は相談者の主導権を奪ってはいけません。

②SNS活用の強み・弱み

　相談員向けの2点目として，SNS相談ならではの強み・弱みを，それぞれ3点ずつ挙げています。

A．SNS 活用の強み

a．コミュニケーションが苦手でも，安心して相談しやすい

→これまで対面や電話での相談ではハードルが高かった人たちを，SNS では相談へとつないでいくことができます。

b．さまざまな専門性を持つ相談員間での，チームプレーにより対応できる

→チームプレーができるのは，SNS 相談専用システムにより，複数の相談員や SV と相談内容を共有することが容易にできるためです。また，ネットにつなぐことで，どんなに離れていても，相談員や SV に加え，他の専門家との協働もできます。

c．過去の相談履歴を参照できる

→過去の履歴が参照できるため，相談者は後からでも必要な際に読み返すことができますし，相談員は記録を残す労力が省けると同時に，後から対応を振り返るなども容易にできます。

B．SNS 活用の弱み

a．漠然としたやり取りとなり，認識がズレるおそれがある

→対面や電話では言語情報を補完する非言語情報が豊かにあるため，認識のズレが少なく済んだり，ズレがあっても気づきやすく，コミュニケーションの微調整や修正がしやすくなります（SNS ゆえのズレの生じやすさについては，第 3 章 COLUMN 3−1 参照）。

b．人の存在感を薄れさせる

→デジタルテキスト（文字）によるやり取りは人間味が不足しがちであり，相談者から「AI ですか？」などと言われることもあります。

c．SNS 相談による限界がある

→限界としては，対面や電話での相談スピードには及ばないということがあります。また，匿名性やつながりやすさがあるため，自殺企図などの緊急対応も増えますが，SNS では本人特定しての連絡に至らない場合もあります。

③文字による相談の注意点

　相談員向けの 3 点目として，文字による相談の注意点を主に 5 点挙げています。いずれも SNS 相談ならではの事項です。

A．オウム返しの多用に注意

　対面や電話の場合には，相談員の言葉の強弱やリズム，表情，ジェスチャーなども合わせて，豊かに伝えることができます。一方，SNS ではそういった非言語情報伝達による補完がしにくいため，オウム返しによる相談員の対応は単調に伝わりがちとなります。そのため，受け止める言葉や質問を付け加えるなどの工夫が必要です。

B．相談者のテンポに合わせ，基本は短文で応答

　AI による相談と相談員による相談の違いは，生身の人間が対応することです。生身の人間には，人それぞれに独特のテンポやリズムといったものがあります。ときに「あの人とは波長が合う（合わない）」などと言いますが，波長が合うと話しやすく，話が促進されます。一方で，「リズムが狂う」などということも言われますが，リズムが乱されると話しにくくなったり，不快に思ったりします。

　また，SNS がメールと違う点として，一つの吹き出しの文字数が少ない，ということがあります。さらに，相談者はパソコンではなく，スマホを使うことが多い点も考慮しなければなりません。そのため，SNS 相談では，相談員は短文を基本とするのがよいでしょう。

C．言葉遣いと距離感

　文体については，SNS 相談では「ですます」調を基本とします。SNS は対面や電話と違い，非言語メッセージが不足しているため，柔らかな雰囲気などを伝えることは容易にはいきません。そういったなかで敬語や丁寧な言葉遣いが増えすぎると，相談における適度な距離感からは遠のいていってしまい，相談者に寄り添うなど心の支援にはなりにくいこともあります。そのため，必要な際には，親しみが持てる言葉遣いなどを工夫するのがよいでしょう[14]。

D．返信に時間がかかりそうなときの対応

　相談員が一生懸命に返信内容を考えていても，SNS ではその姿は相談者には見えません。姿が見えないため，返信に時間がかかると，相談者は不安を抱いたり，不信感を持ったりすることがあります。余計な不安を抱かせないように，待たせすぎないことを基本としつつ，時間がかかる場合にはそのことを相談者にひと言伝えるのもよいでしょう。

E．認識がズレてしまった場合

　対面や電話と比べ，非言語情報による補完が少ないなど，情報量が不足しがちな SNS 相談では，お互いの認識がズレることは少なくありません。そのため，適宜確認をすることや，こちらが間違った際には率直に間違いを認めることも必要です。

④ SNS 相談特有の相談の流れ

　相談員向けの内容の最後は，相談の流れ（表 2-2）についてです。相談の流れについては，基本は対面や電話相談と同様です。しかし，細かなところで SNS 相談に特徴的なものがありますので，いくつか取り上げてご説明します。

＊14　言語学者の石黒圭（2020）は『リモートワークの日本語』の中で，ポライトネス理論について紹介しています。「言葉を丁寧にすれば人間関係がよくなるというのは一面的なものの見方であり，敬語を外すことにも積極的な意味を認め，それもまた広い意味での敬意の表明なのだということをポライトネス理論は示している」。

　　また，石黒は同書の中で文体について，丁寧体・普通体に加えて，脳内体と呼べるようなものがあると提唱しています。そして，この脳内体がよく使われるアプリとして，LINE や旧 Twitter を挙げています。「敬語がないから失礼であるという考え方は，丁寧体とぞんざい体の区別しか知らない古い人の発想。敬語がない話し方は，相手意識のない，自分の脳内思考の自然な発露だと考えれば，それほど失礼なものではない」。そして，「しかし，書き手と読み手がどんなに親しくても，究極的には別の人格。『親しき仲にも礼儀あり』ということを忘れてしまうと，失礼になってしまうわけで，そのあたりのバランスの取り方がコミュニケーションの悩ましいところ」と述べています。

表2-2　SNS 相談の流れ（ガイドラインの目次より）

```
①　相談の開始
②　問題状況の共有等
③　問題の明確化，解決像の共有
④　死にたい気持ちについての質問等
⑤　相談中特に生ずる困難
⑥　問題の解決
⑦　相談の終了
```

A．SNS 相談システムによる自動化や定型文

　SNS 相談では相談専用システムを使い，効率的に行っています。利用規約の説明，性別・年代・職業の有無など事前に聞いておくべき質問，そして「死にたい」などリスクの高いワードの自動検索表示機能，相談混雑時や相談時間外の自動応答などは，あらかじめシステムに設定をし自動化しています。

　また，相談員が毎回伝えたり尋ねなければいけないことなどは，定型文としてシステムに登録して使うことで，毎回同じ文章を入力する手間が省けたり，相談員による基本対応の違いを防げます。

B．匿名であっても，呼び名を使う

　SNS 相談は匿名性のある相談ですが，はじめに相談者の呼び名を尋ねています。自殺の対人関係理論（Joiner ら／北村，2011）には，自殺リスクを高める要因として，所属感の減弱があります。所属感の減弱とはつまり，つながりがなくなってしまっていると感じることであり，孤独孤立を深めていってしまいます。そのため自殺対策の SNS 相談では，匿名でありながらもつながりをつくるために，「あなた」といった一般二人称では呼ばずに，ニックネームであっても固有の名称として呼ぶようにしています。

C．「ながら相談」と相談の中断

　SNS 相談は，電車に乗っていても，テレビを見ながらでも，誰かと一緒にいても相談できる，「○○しながらの相談」が可能なことも特徴の一つです。SNS 相談が頻繁に使われる時間帯は17〜21時ですが，これは帰宅・塾・

食事・入浴といった動きの多い時間帯でもあります。こういった生活状況により，相談が中断することもありますので，ガイドラインにはその際の対応についても記載しています。

D．質問攻めに注意しつつ情報収集

情報量が不足しがちな SNS 相談では，相談の流れのなかでいかに相談者の情報を効率的に集めるかということも，ポイントの一つです。しかしながら，そこに注力しすぎると，質問攻めとなるなど，相談ではなく相談員主体のヒアリングや尋問の場となってしまい，相談者による主体的な相談がそがれてしまうことがありますので注意が必要です。

E．リスクアセスメントと「死にたい」気持ちへの対応

SNS 相談に限ったことではありませんが，自殺対策の相談では「死にたい」気持ちを確認することでリスク判定を行ったり，日常ではめったに他言できない「死にたい」気持ちを話してもらい，その気持ちを相談員がしっかりと受け止めることが重要です。そのための方法論，すなわち自死リスクを判定するための質問の仕方や，「死にたい」気持ちの上手な引き出し方などを，いくつも挙げています。さらに，「死にたい」という表現の裏側を聞くことについても触れています。

F．返事がなくなったときやイタズラ

つながりやすい一方で途切れやすくもある SNS 相談に特徴的なこととして，「返事が返ってこなくなったとき」の対応も記しています。また，一方的に強い気持ちを連打してくるときや，イタズラなどの「対話が成立しないとき」や成立しにくいときの対応，「動画やリンク URL が送られてきたとき」の対応についても挙げています。

G．相談の終わり方と緊急対応

相談の流れのなかで見立てを行ったうえで，相談の終盤のほうでは，SNS 相談の限界も踏まえて，必要な際に身近な人への相談など，リアルな支援者や支援機関などにつなぐことや，情報提供しやすい SNS の利点を活用した方法なども取り上げています。さらに，1 回きりの対応ではなく継続的な対

応を必要とする場合には，「要フォロー扱い」とするなども記しています。
そして，自殺の危機などの際の緊急対応の方法も記しています。

4 各種 SNS 相談

(1) LINE, 旧 Twitter, Facebook での相談 ——————

2023年現在，厚生労働省の自殺対策 SNS 相談で使用している SNS は，
LINE, 旧 Twitter[*15], Facebook, Web チャットの4種類です。Web チャッ
トは SNS を使用していませんが[*16], Web チャットも SNS 相談に含めて説
明します。なお，Web チャットについては，次の（2）でより詳しく説明
しています。

表 2-3 では，上記4種類のほかに，SNS 相談と同じくダイレクトメッ
セージで同時的[*17]に相談可能な Slack[*18]と，SMS（ショートメッセージ）
も，比較のために参考として加えました[*19]。

[*15] 旧 Twitter は2023年4月29日より，新 API となりました。API とは，Application
Programming Interface の頭文字で，ソフトウェアコンポーネント同士が互いに情報
をやり取りするのに使用する，インタフェースの仕様のことを言います。新 API で
は利用料が大幅増額となり，旧 Twitter の新 API を使用しての SNS 相談継続は予算
上困難となったため，以降旧 Twitter の SNS 相談は行っていません。

[*16] 第1章の脚注 *7 を参照。

[*17] 同時的な相談とはリアルタイムでやり取りをする相談ということです。対面相談や
電話相談は同時的な相談，メール相談は非同時的な相談です。SNS 相談は通常は同時
的な相談で行いますが，同時的な相談としてつながらなかったときなどに，相談文に
対してメール相談のように返信するという非同時的な相談を行うこともあります。こ
のため SNS 相談は，電話相談とメール相談を掛け合わせたようなものと言われるこ
ともあります。

[*18] ビジネス用のメッセージングアプリ。

[*19] ダイレクトメッセージでの同時的な相談に使用可能な SNS は，他にも Instagram,
Google Chat, Microsoft Teams など，各種あります。

表 2-3　SNS 相談で使う SNS ほか

SNS	SNS アカウント登録	年齢制限	メッセージ入力中	特　徴
LINE	携帯電話番号	12歳以上推奨	×	・ユーザー数が多い ・既読がつく
旧 Twitter	メールアドレス	13歳以上可	○	・複数アカウント使い分け ・ネガティブ傾向多いか ・2023 年 4 月 29 日より新 API（使用料大幅増額）
Facebook メッセンジャー	実名	13歳以上可	○	・実名登録
Web チャット例）GENIEE CHAT	—	無し	○	・CL 側のログは残らない ・CO 側ログは残るが個人特定は困難 ・入力中文字可視化可能なものもあり
（参考）Slack	メールアドレス	16歳以上可	○	・日本での浸透は一部か ・他システム等との連携やカスタマイズが豊富
（参考）SMS（ショートメッセージ）	—	12歳以上可	○	・文字数制限がある ・1 回のメッセージにつき利用料が発生

① SNS アカウント登録

　SNS アカウント登録の仕方により，自殺危機などの緊急対応時の相談者本人特定や匿名性などが異なってきます。

　たとえば LINE は，携帯電話番号に紐づいてのアカウント登録で，1 人 1 アカウントです。このため，緊急対応時には警察による本人特定が比較的行いやすいです。旧 Twitter は，メールアドレスがあればアカウント登録ができますので，複数のメールアドレスがあれば，複数のアカウント登録も可能です。このため LINE と比べた場合，本人特定はしにくく，匿名性は高くなります。Facebook は実名登録が基本ですので，本人特定はしやすく匿名性は低くなります。Facebook の匿名性の低さと登録ユーザー層による影響と

思われますが，Facebook での SNS 相談の利用は多くありません。

②メッセージ入力中

　「メッセージ入力中」は，カウンセラーから見て，相談者がメッセージを入力中であることが分かるかどうかです。LINE では相手が入力中かどうかは分かりませんが，旧 Twitter や Facebook は入力中であることが分かります。ただし，現在の大方の SNS 相談は，SNS に接続した相談専用システムを通して使っており，その場合には旧 Twitter も Facebook も入力中かどうかは分かりません。

　入力中かどうかが分かることは，カウンセラーの相談対応のしやすさに影響します。特に，SNS 相談に不慣れなカウンセラーは，メッセージを送るか待つかのタイミングの取り方に苦心しているためです。

　Web チャットにはさまざまなものがありますが，表2-3に例として挙げている GENIEE CHAT では，カウンセラーは相談者が入力中かどうかだけではなく，まだこちらに送信していない入力中の文字までも見えます。相談者の入力中の文字が見えることの善し悪しはありますが，送受信のタイミングは取りやすく，カウンセラーにとっては利点となっています。

③ SNS ごとの特徴，ユーザーの特徴など

A．LINE[20]

　SNS 相談で最も使われている SNS です。スマホを持っている人のほとんどが LINE を使っていますので，SNS 相談を行う際には第一選択肢となる SNS です。

　LINE は相談者の本人特定が比較的しやすいと先述しましたが，緊急対応時の警察からの個人情報開示[21]請求には，LINE ヤフー社はかなり慎重に対

---

[20] LINE を使っての SNS 相談が本格的に始まったのは，2017年の長野県からですが，当初より LINE 社（現・LINE ヤフー株式会社）は，その告知や LINE の API 使用料の割引など，さまざまな貢献があります。

応している印象があります。そのため開示までに時間を要しますし，自殺危機の度合いがかなり高い場合でないと開示していない印象があります。

　最も一般に使われている SNS ですが，それゆえにか，LINE 使用の相談者の特徴に顕著なものはありませんでした。

　カウンセラーからのメッセージに対する相談者の気づきやすさという点では，相談者のスマホでの通知設定次第ではありますが，LINE アプリの利用頻度の高さから考えると，通知に気づきやすいのではないかと考えられます。

B．旧 Twitter

　厚生労働省の自殺対策 SNS 相談では，「こころのほっとチャット」（NPO 東京メンタルヘルス・スクエア）が2018年 3 月〜2023年 4 月28日まで，旧 Twitter を使用した SNS 相談を行っていました[22]。

　第 1 章でも触れましたが，厚生労働省が自殺対策 SNS 相談をスタートした大きなきっかけの一つが座間事件であり，犯人が事件に使用したのが旧 Twitter でした。そのため，「こころのほっとチャット」では，SNS のなかで最も多く「死にたい」気持ちが発せられている旧 Twitter においてこそ，自殺対策が求められていると考え，旧 Twitter 使用をスタートしました。

---

[21] LINE ヤフー社に限らず，緊急対応で警察より個人情報開示請求を受けたとしても，個人情報は個人情報保護法などの法律に守られており，通常は開示できません。このため，電気通信事業者協会，テレコムサービス協会，日本インターネットプロバイダー協会，日本ケーブルテレビ連盟らの業界団体は，2005年に「インターネット上の自殺予告事案への対応に関するガイドライン」（https://www.telesa.or.jp/consortium/suicide/）を作成し，緊急避難要件や発信者情報の開示基準等を定め，インターネット上の自殺予告事案について個人情報開示するかどうかのガイドラインを作成しています。SNS 各社では，このガイドラインに沿ってケースごとに開示すべきかどうかの判断を厳重に行っています。

[22] 「こころのほっとチャット」の旧 Twitter による SNS 相談は終了しましたが，旧 Twitter パトロールは行っています。旧 Twitter パトロールとは，強い希死念慮のメッセージをつぶやいている方など自殺リスクが特に高いと思われる方に，配慮しつつ声かけを慎重に行い，自殺対策 SNS 相談の案内を個別にしています。いわば，インターネットにおけるゲートキーパー活動です。

　実際，旧 Twitter で希死念慮のつぶやきを発している人は少なくありませんし，悪意を覆い隠した者が心の弱っている人などをターゲットとして狙い撃ちすることもあります。「こころのほっとチャット」の SNS 相談を利用した相談者が，自殺をしてしまったこともありました。

　旧 Twitter では複数アカウントを持っている方も多く，なかには病んだ自分をつぶやくアカウントという，いわゆる「病みアカ」を持っている方もいます。加えて匿名性の高さもあり，SNS のなかでは最もメンヘラ*23的でネガティブなメッセージが行き交うのが，旧 Twitter でしょう。

　「こころのほっとチャット」で旧 Twitter での SNS 相談をスタートするにあたり，懸念事項として挙げられていたのが，自殺危機への緊急対応が増えるのではないかということや，匿名性の高さゆえに相談者の本人特定はできるのかということでした。しかし，実際に行ってみると，緊急対応が顕著に多いということはありませんでした。また，緊急対応の際，警察から旧 Twitter 社に個人情報開示請求をして本人特定し，連絡するということは，予想に反してスムーズにいった印象があり，実際には案ずるより産むが易しでした。

　旧 Twitter 使用の相談者の特徴としては，LINE よりも SNS 慣れしている方が多いという印象です。LINE と比べると言葉遣いがよりフランクなものが多く，くだけた表現や，入力スピードが早い方が多い印象でした。旧 Twitter は匿名性が高いため，発言の自己検閲（ハンセン，2020）がゆるくなるなど，オンラインにおける抑制解除効果（Suler, 2004）があるためと考えられます（詳しくは COLUMN 3-1 参照）。

　そのような特徴からか，相談者のメッセージには毒も含みやすくなる傾向があり，カウンセラーへの攻撃性などとして現れることもあります。SNS 慣れしていて攻撃性も出やすいという点においては，カウンセラーとして対応に難儀することもありました（詳しくは第3章2参照）。

---

*23 「メンヘラ」とは元はネットスラングで，メンタルヘルス（心の健康）に何らかの問題を抱えている人を言い表すのに使用されています。

　カウンセラーからのメッセージに対する相談者の気づきやすさという点では，LINE と比べて気づきにくいと思われることもありました。相談者のスマートフォンでの通知設定次第ではありますが，旧 Twitter のダイレクトメッセージをあまり使わないという方もいるようで，カウンセラーからの通知に気づきにくいのではないかと考えられます。

C．Facebook

　「こころのほっとチャット」では，旧 Twitter よりもスタートが遅れましたが，2018年度に始まり，現在も継続して行っています。2024年 3 月現在，厚生労働省の自殺対策の SNS 相談においては，Facebook を使用しているところは他にありません。

　「こころのほっとチャット」では，自殺率（既遂）が女性の 2 倍ほど高い男性の，なかでも自殺者数が多い中高年男性層になんとかアプローチできるようにしたいと考えていました。そこで，SNS のなかでは中高年男性層ユーザーが比較的多い Facebook が適しているのではないかと考えてスタートしましたが，相談数は伸びていません。Facebook は実名登録であり，匿名性がメリットの一つである SNS 相談においては，実名相談となることがネックとなっているのかもしれません。

　「こころのほっとチャット」における相談数では，LINE が 8 〜 9 割，残りの 1 〜 2 割が Web チャット，旧 Twitter，Facebook となり，なかでも Facebook が最も少ないです。Facebook は実名相談のため，緊急対応における本人特定や連絡の難しさはあまりありませんが，そもそも相談数が少ないため，緊急対応自体もほとんどありません。

　相談者の特徴としては，LINE や旧 Twitter，Web チャットと比べるとオフィシャルな感じがあり，硬く真面目な印象もあります。Facebook はプライベートのみならず，仕事にも使っている方が多いのも特徴の一つですが，そのため，SNS 相談でも，社会人としての顔が出やすいのではないかと思われます。

　カウンセラーからのメッセージに対する相談者の気づきやすさは，スマホ

に Facebook アプリや Messenger（Facebook のメッセージアプリ）を入れていると，気づきにくさはさほどないのではないかと思われます。

D．Web チャット

「こころのほっとチャット」では，Web チャットは LINE の次に相談数が多くあります。特徴は次項で詳述しますが，アカウント登録が不要であり，サイトにアクセスしてすぐにメッセージを送ることができ，また他の SNS のような年齢制限もないため，幅広い層が利用できます。厚生労働省の自殺対策の SNS 相談では，「こころのほっとチャット」のほか，「チャイルドライン」や「あなたのいばしょ」も Web チャットを使用しています。

対面や電話で言いにくいことはもちろん，LINE による SNS 相談でも言いにくいようなことさえも，アカウント登録も不要で匿名性の高さがある Web チャットでは言えるようです。自己検閲が最もゆるく，抑制解除効果も最もあるため，これまで誰にも言ってなかった性被害のことなど最もセンシティブな内容の相談が来ることがあります。実際，相談の冒頭で「ここでの相談は誰にも漏れませんか？」などと確認しつつ，絶対に知られたくないことを慎重に相談する方もいます。

E．SMS（ショートメッセージ）

2023年現在，厚生労働省の自殺対策 SNS 相談において，SMS を使用しての相談を実施しているところはありませんが，今後必要なのではないかと考えているため，簡単に特徴などを説明します。

SMS は携帯電話番号宛てに，最大70文字のショートメッセージを送るサービスです。米国では，クライシステキストライン（第 6 章参照）が，SMS を使用しての危機対応の相談をしています。携帯電話番号があれば相談できますので汎用性は高いです。緊急対応時など携帯電話番号が分かり，通話使用も可能であり，また，本人特定がしやすく，迅速な対応が可能になるなどのメリットがあります。一方でデメリットは，一度に最大70文字という文字数制限と 1 回のメッセージごとに発生する利用料です。

携帯電話番号は知られてしまうものの，SNS アカウント登録は不要であ

り，匿名性もあります。現在日本で SMS を SNS 相談に使用するにはいくつかのハードルがありますが，上記のとおり自殺対策の相談においてのメリットが多数ありますので，今後自殺対策の SNS 相談に加わることを強く期待しています。

（2）Web チャットのメリット・デメリット

　Web サイトを閲覧中，チャットウインドウが開き「お気軽にご質問ください」と話しかけられたことはありませんか？　店舗で店員とお客さんが会話するように，Web サイトと訪問者が会話するためのツールが Web チャットです。

　Web チャットは複数のメーカーが提供しています。東京メンタルヘルス・スクエアでは，ジーニー社の「GENIEE CHAT」（旧 ChamoChat）の Web

図 2-1　「こころのほっとチャット」で設置している Web チャットウインドウ

チャットを使っています（図 2-1）。ここでは SNS を使った相談と Web チャットを使った相談を比較し，Web チャットのメリット／デメリットを紹介します。

① Web チャットのメリット

相談者にとってのメリットを A. と B. の二つに，カウンセラーにとってのメリットを D. と E. の二つに分けて説明します。

A．SNS アカウントが不要

Web チャットは SNS アカウントを持っていない，アカウントを作成できない人でも相談できます。特に，年齢上の理由[24]や保護者との約束などで SNS を使用できない子どもにとって，有用な相談窓口となっています。

B．匿名で相談できる

Web チャットは，SNS よりも匿名性の高い相談方法です。SNS では，相談窓口の SNS アカウントを友だち登録してメッセージをやり取りしますので，カウンセラーに SNS 上の名前やアイコンを見られてしまいますし，友だちリストを公開している場合，SNS 相談窓口を友だち登録していることを知られる可能性があります。そのようなことに抵抗があり，SNS 相談をためらっている人でも，Web チャットであれば安心して相談ができます。

C．SNS にはない自動対応機能がある

Web チャットには，メッセージ送受信機能のほかに，オペレーターが対応できないときでも自動対応する機能があります。訪問者が質問すると回答候補を表示する無人対応機能，Web サイトの閲覧状況に応じて次の行動を促す Web 接客機能などがあります。Web 接客機能で，相談ページを 5 分以上開いているが相談申し込みをしていない訪問者に，「お話しませんか？」と声をかけるように設定しておくと，自動で相談を促すことができま

---

*24　LINE アカウントの作成には，自分のスマートフォンと携帯電話番号を持っている必要があり，Facebook のアカウントは，13 歳以上のみ作成できます（2024 年 4 月現在）。

す（図2-2）。

D．入力中の内容を確認することができる

GENIEE CHATでは，相談者が未送信の入力内容を，リアルタイムで見ることができます（図2-3）。相談者がメッセージ入力中はカウンセラーからの発言を控えることで，メッセージのすれ違いを防ぐことができます。

相談者が入力内容を何度も書き直すこともあります。書こうかどうか迷って，結局送信しないこともあります。送信されなかった内容を相談のなかで話題にすることはできませんが，カウンセラーに言うかどうか迷っている行動も，相談者を理解する手がかりの一つになります。

②Webチャットのデメリット

相談者にとってのデメリットをA．とB．の二つに，カウンセラーにとってのデメリットをC．とD．の二つに分けて説明します。

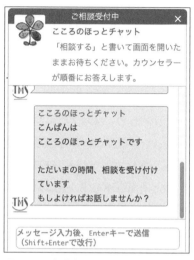

図2-2　自動応答の例応答の例

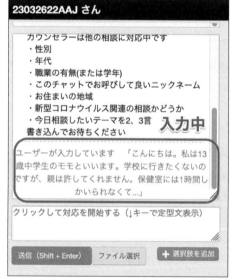

図2-3　カウンセラーから見た相談者入力中の文章

図2-4　カウンセラーから見た相談者の情報

A．画面を閉じると会話内容が消えてしまう

　WEB チャットは相談者が画面を閉じると相談終了となり，会話内容を読み返すことができません。相談者に情報提供するときには，「画面を閉じる前にこの情報をメモしてください」とお伝えするようにしています。

B．会話専用アプリではない

　Web チャット画面はアプリではなく，Web サイトの一部です。スマートフォンの SNS アプリには，メッセージ受信に気づけるよう音やポップアップで通知する機能がありますが，Web サイトからの通知は音しかなく，相談者がカウンセラーからのメッセージ受信に気づかないことがあります。

C．同一相談者の特定ができない

　SNS 相談では，SNS アカウント情報で相談者を特定します。しかし，Web チャットのカウンセラー用画面からは相談者の名前は，相談申し込み時に決められたランダムな英数字であり，これだけで同一相談者と特定することができません（図2-4）。このため継続相談を希望する相談者には，LINE 等の SNS アカウントを使って相談に来てもらうよう依頼しています。

D．目的外利用が多い

　Web チャットでは，LINE 等による SNS 相談と比べて，相談目的以外の利用（性的会話など）が多い傾向にあります。匿名性が高いので身元が分かりにくく，目的外利用に使いやすいのかもしれません。匿名性が高いからこそ，誰にも言えない悩みを打ち明けることができるメリットもありますの

で，どのような内容でもまずはお聴きします。しかし，目的外利用であることが判明した時点で，相談を終了することもあります。

③ Web チャットのメリットを活かして

　Web チャットの一番のメリットは，SNS を使って相談ができない／したくない相談者とつながることができる点です。本節で紹介したデメリットも踏まえながら，Web チャットだからこそ話せる気持ちをカウンセラーは聴いていただければと思います。

COLUMN 2

茨城いのちの電話による SNS 相談

　社会福祉法人茨城いのちの電話では，2021年 5 月30日に LINE を使った SNS 相談を開始しました。全国に50カ所あるいのちの電話のなかで，はじめてのスタートでした。開始日は第 5 日曜日でしたが，その後は第 1 〜 4 日曜日の16〜20時，第 2 火曜日の12〜16時の，月 5 回・1 回4 時間という限られた時間で相談を受けています。1 回の相談日に，相談員は 3 人または 4 人で対応しています。相談を受けない第 5 日曜日は，SNS 相談の研修に充てています。

　開始から2021年12月末までの約 7 カ月間の相談受付時間内のアクセス数は109件で，1 回の相談日に平均3.0件，2022年 1 〜12月のアクセス数は257件で，1 回平均4.2件となっていて，徐々に認知度が上がっているようです。日によってアクセス数に差がありますが，現在のところ，ある程度余裕を持って相談を受けることができている状態です。

　SNS 相談は，電話相談員としての活動が 3 年以上経過した人たちのなかから，研修を受けた相談員が担当しています。開始前の研修にあたっては，新行内先生をはじめ，東京メンタルヘルス・スクエアの先生方にお世話になりました。2022年には内部での研修を実施し，2 名の相談員が新たに SNS 相談に加わりました。

　実際の相談を開始してからは，前述の第 5 日曜日の研修以外に相談当日の終了時にも振り返りをしており，常により良い応答ができるように研鑽を積んでいます。言葉を書き，それを振り返ることは，話すよりもなおさら自分が発する言葉に自覚的になります。SNS 相談の振り返りは，相談員がより良い電話相談の受け手になることにも役に立っています。

　茨城いのちの電話は，人工的な都市である筑波研究学園都市での自殺

者の多発に危機感を抱いた人たちにより，1985年につくば（旧桜村）で開局し，1992年からは水戸でも開局しました。これまで多くの電話相談を受けています。SNS相談を開始することになったのは，自殺者全体の数は減少しているものの，若い世代の自殺は減っていないことに対して，「自殺予防」を目的とするいのちの電話として何かできないかと考えたためです。

電話相談は，総受信件数のなかで50代以上の方が40％以上を占めており，若い世代の相談が比較的少ない傾向にありました。電話相談も大事にしながら，世代に合った相談手段も提供する時代になったとも言えます。実際に，2022年のSNS相談では，19歳以下15％，20代17％，30代22％，40代28％，50代以上13％となっており，電話相談よりは若い世代からのアクセスの比率が高くなっています。受信件数の総数が電話とは大きく異なるので単純な比較はできませんが，当初の目的にかなった相談活動ができているのではないかと思います。

いのちの電話は，問題解決志向でなく，ボランティアが「良き隣人」として電話のかけ手に寄り添い，傾聴することを主眼としている活動です。SNS相談も，このいのちの電話精神をもとに活動しているため，現実的な問題の解決に導くことや直接的な支援をすることはしていません。

しかし，特にコロナ禍だったこともあり，失業や金銭的な問題など，現実的な支援が必要な相談が多い時期もありました。また，心身の不調があるけれどまだ受診していない方，DVの相談，お子さんや本人の不登校や学校での人間関係に関する相談で，まだ他の人や機関に相談していない方もいらっしゃいます。その場合は，十分傾聴したうえで，最後には現実的な相談先をご提案することもあり，それは電話相談よりも多くなっていると思います。

茨城いのちの電話らしいSNS相談を模索しながら，今後も相談活動を続けていきたいと思います。

第 3 章

相談実践にあたっての法律問題

1 緊急対応の実際

（1）緊急対応で迷うこと

　SNS 相談の現場では，「死」に関連した言葉が日常的に書き込まれます。そのなかでも以下の言葉が書き込まれた場合などは緊急性が高く，死を食い止める対応を即座に検討したほうがいいと考えています。

> 「今飛び降りようとしている」「首に縄を巻いている」「包丁を握っている」「大量に薬を飲んだ」「遺書を書いて準備ができた」「死に場所を探してさまよっている」「最後に話を聴いてほしい」

　上記のほかにも，相談者が具体的に死のうとしていると判断した場合には，引き止める方法を検討する必要があるでしょう。その際，必要となるスキルは，相談者に対する冷静な判断と行動力，カウンセラーとしての平常心です。しかし，このような非常事態に慣れているカウンセラーは決して多くはなく，迷いと戸惑いの連続となることが予想されます。そこで本章では，いわゆる緊急対応時の迷いに対応できるよう，解説していきたいと思います。

①ケース対応の枠を破る抵抗感

　通常の心理相談の場合，1ケース50分などと時間が決められ，カウンセ

ラーもこの時間をきちんと守ることが相談者への正しい態度，カウンセラーとしての自分を守る手段と認識してきたことと思います。しかし，緊急対応ともなると50分で終結しないことはよくあり，警察への対応も重なると，数時間に及ぶことも珍しくありません。カウンセラーの疲労もかなりのものとなることでしょう。

　そこで，カウンセラーの疲労を軽減するために，2人以上で対応します。1人は相談者に対応し，もう1人は連携先への連絡係と書記を兼務し，心理的負担が大きい対応者に寄り添いながら連携して，相談者の命を守っていく体制をとるのがよいでしょう。また，どうしても外せない予定があるときに長時間の緊急対応となった場合に備えて，3人目の担当者に引き継げるような体制を，最初から設定しておくことが望ましいでしょう。

　緊急対応に対する怖さや自信のなさ，そして長時間の対応などから，自分にはできないと感じた場合，内面ではかなりの葛藤が起こる可能性もあります。緊急対応に関して迷う点は，カウンセラーの性格によっても大きく違い，さまざまなものがあることでしょう。そのため，自分自身の性格をよく振り返っておく必要もあります。

　このような迷いに備え，緊急対応ができる，または相談できるスーパーバイザーの存在も重要です。自分はアドバイスを受けながらであれば対応できるのか，対応自体が無理なのか，正直に自分自身をアセスメントしておきましょう。スーパーバイザーに直接聞ける体制づくりも必要です。

　これから緊急対応だと感じたら，一息ついて，カウンセラーとしての平常心を持ち，落ち着いて対応していきましょう。

②相談者の情報を入手する

　命の危険が迫っている状況下では，できるだけ相談者の状況を知ることが，リスクを下げる手助けとなります。可能であるならば電話に切り替え，より相談者との信頼関係を構築していくことも重要です。相談者の感情や息遣いを感じながら，相談者の心情を再度アセスメントしましょう。相談者側

も，人の声に直接触れることで，「死」や「憎しみ」とは別の感情を抱く場合もあるでしょう。

相談者の情報を得るために確認する内容を，以下に示します。

　ａ．今どこにいるのか

安全ではないと判断した場合，まずはそこから安全なところに移動してもらい，話を聴きましょう。

　ｂ．実際に今死のうとしているのか

本人に確認してよいか迷うかもしれませんが，思い切って質問してみましょう。「今」となった場合，あらゆる手段を検討し，死の淵から相談者をつなぎとめるよう努力することが必要です。

　ｃ．自他に危害を加えそうな凶器を握っているか

持っているようなら，しまっていただくよう依頼しましょう。

　ｄ．一人でいるのか

家族が同居している，誰かと一緒にいる場合は，近くにいる家族や友人に電話やSNSを代わってもらい，相談者の実行を止める，または保護するよう支援を依頼し，連携していきましょう。

③通報について

警察や消防（救急車）の通報は迷うかもしれません。通報するほどなのか，後で相談者ともめないかなど，迷う要素は多いことでしょう。その際は，本人に通報することを伝えましょう。「通報しないでくれ」と懇願される場合もよくあります。その場合でも，通報する意義を説明するか，説明する機会を逃した場合は，SNSや電話を切られる前にできるだけ多くの情報を聞き出し，しかるべき先に連絡するなど，命の確保の優先に努めてください。

他害の場合，たとえば「明日，Bさんを刺しに行く」なども，被害者となりうる人物に連絡することを本人に伝え，踏みとどまるよう話していきま

しょう。

　相談者が自傷他害の思いを持っている場合，それがどれくらい強いものな
のか，いつ実行しようとしているのかをアセスメントするのは，容易なこと
ではありません。まして，何らかの疾病ともなると，思いもよらない動機で
自殺を計画する場合もあります。カウンセラーにとっては，まさに崖っぷち
に立たされるような思いを持つかもしれません。しかし，自傷他害を訴える
相談者の心の叫びや諦めを一つひとつ読み取りながら，カウンセラーとして
落ち着いて対応なさることを願っています。

（2）守秘義務が解除される場合

　SNS相談の場面で守秘義務が解除される場合を，カウンセラーの皆さん
が遭遇しそうな簡易事例を用いて説明します。

①事例：警察からの情報提供依頼

> 　新井さんはボランティアのSNS相談員です。新井さんには，半年間
> ほど継続的に相談を受けている相談者がいました。この相談者は情緒不
> 安定で，自傷行為を繰り返しているため，家族へ電話をかけて自傷行為
> のことを伝えて，見守るよう依頼しました。
> 　あるとき警察から，「〇〇さんが傷害事件を起こしました。そちらで
> 相談していたと聞いたのですが，どんな相談をしていたのか教えてくだ
> さい」と問い合わせがありました。

A．相談員の守秘義務
　カウンセラーの守秘義務は，「善管注意義務」「個人情報保護法」の，二つ
の観点から考えることができます。
　善管注意義務の詳しい内容は本章後半で説明しますが，善管注意義務の一
環として，相談員は相談者から得た情報を，正当な理由なく第三者へ口外し

ない義務（＝守秘義務）を負っています。これは，相談規約や契約書に記載されていなかったとしても，相談（カウンセリング）を実施する以上は当然に負う義務となります。

次に個人情報保護法の観点ですが，この法律はすべてのカウンセラーに適用されるわけではなく，またすべての情報に適用されるわけではありません。カウンセラー（カウンセラーが所属する団体）が，「個人情報取扱事業者」[*1]に該当し，相談者の情報が「個人情報」[*2]や「個人データ」[*3]に該当する場合，個人情報保護法のさまざまな規制（目的外利用の禁止，安全管理措置，第三者提供，本人からの開示請求など）を受けることになります。このなかで「個人情報取扱事業者は，本人の同意なく，個人データを第三者へ提供してはならない」という規制[*4]があり，これが守秘義務に当たります。

個人情報保護法が適用されるか否かにかかわらず，いずれにせよカウンセラーは，原則として相談内容を第三者へ提供してはならない，ことになります。

B．守秘義務が解除される場合（例外規定）

守秘義務を貫徹すると，むしろ相談者の側に不都合が生じる場合があり，たとえ本人の意思に反したとしてもパターナリスティックに介入する必要が生じることもあります。そこで個人情報保護法では，例外規定として以下の三つ場合，本人の同意がなくても，個人情報（個人データ）を第三者へ提供

---

* 1　「個人情報取扱事業者」とは，事業として個人情報データベース等を利用している者です（個人情報保護法16条2項）。カウンセラーの場合，パソコンを使ってクライアントの情報を管理しているならば，この個人情報取扱事業者に該当すると考えてよいでしょう（詳しくは鳥飼，2023, p.16参照）。

* 2　「個人情報」とは，特定の個人が識別できる情報です（個人情報保護法2条1項）。カウンセリングの場合，氏名と一緒に管理している情報は，個人情報に該当すると考えてよいでしょう（詳しくは鳥飼，2023, p.7参照）。

* 3　「個人データ」とは，個人情報データベースの中の個人情報のことです（個人情報保護法16条3項）。カウンセリングの場合，「個人情報＝個人データ」と考えておいてよいでしょう（詳しくは鳥飼，2023, p.33参照）。

* 4　個人情報保護法27条1項。

することができると定められています[*5]。

　①法令に基づく場合
　②人の生命・身体・財産の保護のために必要があり，本人の同意を得ることが困難であるとき
　③児童の健全な育成のために特に必要があり，本人の同意を得ることが困難であるとき

　SNS相談の場面では，たとえば犯罪捜査として警察から照会があった場合は，刑事訴訟法197条2項という法令に基づく場合（例外規定①）として，情報提供が可能です。また，相談者が自殺をほのめかしたり，他人を傷つけることをほのめかしたりしている場合（自傷他害のおそれがある場合）は，例外規定②として家族や警察，自治体などへ情報提供が可能となります。さらに，相談者が未成年で，問題ある環境に置かれている場合，例外規定③として児童相談所や自治体などへ情報提供が可能となります。

　以上の例外規定は，個人情報保護法が適用される場面，すなわち相談員側が個人情報取扱事業者で，相談内容が個人情報（個人データ）に該当する場合ですが，仮に個人情報保護法が適用されない場面（たとえば匿名のSNS相談で，個人が識別できない場合）であっても，同様に考えることができます。なぜなら，民法の一般解釈として，本人または第三者の権利や利益を守るためにやむを得ずした行為は，違法と評価しない（責任を負わない）とされているからです[*6]。

　自殺対策という危機的場面では，例外規定を覚えておくことも重要ですが，その背後にある考え方（守秘義務云々という形式論にとらわれず，人の命を最優先して行動すべき）を身につけることも重要です。

＊5　個人情報保護法27条1項各号。
＊6　民法720条参照。

②事例：本人の告白

> 　沼袋さんは，SNS相談団体に所属するスーパーバイザーです。先日，ある未成年の相談者から，「養父からひどい虐待を受けています」「今すぐ助けてください，死にたいです」「小遣い稼ぎに大麻を売っています」「特殊詐欺の闇バイトをしたことがあります」との内容のメッセージが入りました。ただ，この相談者は，以前も何度か同じようなメッセージを送ってきたことがあり，そのときは「冗談ですw」ととぼけていました。
>
> 　沼袋さんは，「またイタズラかもしれないけど，もし本当だったらどうしよう……」「もし警察や児童相談所に通報して，嘘だったらどうしよう……」と悩みました。

A．犯罪行為の告発義務

　違法薬物使用や殺人予告など，相談者が犯罪行為をしていることを知ったとき，カウンセラーが公務員でもある場合，犯罪告発義務を負います[*7]。告発しなかったとしても罰せられるわけではありませんが，仮に告発していれば被害が確実に防げたのであれば，被害者に対して民事上の賠償責任を負う可能性があります。

　一方，民間人の場合，公務員のような犯罪告発義務はありません（後述の虐待通報義務を除く）。ただし，法的な義務や責任を負わないとしても，倫理的・社会的な責任は別途検討が必要です。被害者としては，通報してくれれば被害に遭わなかったはずと思うでしょうし，凶悪犯罪であれば，社会からも厳しく責められる可能性があります。唯一の正解があるわけではありませんが，カウンセラー側としては，犯罪行為を認知した場合にどのように振る舞うか，内部で十分検討しておく必要があるでしょう。

[*7]　刑事訴訟法239条2項「官吏又は公吏は，その職務を行うことにより犯罪があると思料するときは，告発をしなければならない」。

B．虐待行為の通告義務

　児童虐待については，公務員や民間人に関係なく，虐待を発見した場合，自治体や児童相談所へ通告する義務があります[8]。ただし，前記の犯罪告発義務と同じく，通告しなかったとしても罰せられるわけではありませんが，仮に通告していれば確実に虐待を防げたのであれば，民事上の賠償責任を負う可能性があります[9]。なお，前記と同様に，法的責任を負わないとしても，倫理的・社会的な責任とどう向き合うかについては，カウンセラー側で十分検討しておく必要があるでしょう。

　一方，虐待があると思って通告したものの，実際には勘違いだった場合（結果として誤通告だった場合），一応の根拠があれば，法的責任は負わないことになります。なぜなら，児童虐待防止法では「児童虐待を受けたと思われる児童を発見した者は」と規定しているので，「思われる」のであれば十分で，録音や録画など客観的な裏付けは必要とされていないからです。

③事例：遺族からの情報開示要請

　弥生さんは，「いのちの電話」の相談員を務めています。あるとき，相談者（匿名）から希死念慮を交えた相談があったので，傾聴しながら丁寧に対応しました。

　数週間後，この匿名相談者の父親と名乗る人物から，「うちの息子が自ら命を絶ちました。スマートフォンを見たら，おたくへの発信履歴がありました。息子が何を話していたのか教えてください」と電話がありました。なお，利用規約では，一般的な守秘義務は定めていますが，遺族からの開示について特に定めはありません。

A．個人情報保護法など法的観点からの考察

個人情報保護法で保護される「個人情報」は，生存している個人のみが対

---

[8]　児童虐待防止法6条1項，児童福祉法25条1項。
[9]　どのような場合に賠償義務を負うかについて，鳥飼（2022, p.191）を参照。

象です[10]。そのため，亡くなった方の情報は「個人情報」に該当しないため，個人情報保護法の開示対象になりません[11]。

　また，「個人情報」とは，特定の個人が識別できる情報ですので，匿名の相談で個人が識別できなければ「個人情報」に該当せず，開示対象になりません。さらに，仮に「個人情報」に該当するとしても，走り書きメモであったり，単純に電話内容を録音したりしただけであれば「保有個人データ」に該当しないため，やはり個人情報保護法による開示対象になりません[12]。

　なお，仮に相談内容が「保有個人データ」に該当するとしても，開示すると誰かの生命，身体などを害するおそれがある場合には，開示を拒むことができます[13]。したがって，個人情報保護法の観点からは，亡くなった方の相談内容を開示する必要はないことになります。

　一方，カウンセラーは，前述のように善管注意義務の一環として，正当な理由なく相談内容を第三者へ漏らさないという守秘義務を負っていますので，たとえ亡くなった方だとしても，みだりに相談内容を第三者へ提供することはできません。また，相談規約によって，相談内容は原則として開示しないと定めることも可能です（鳥飼，2023，p.63）。

　以上のように，個人情報保護法を含む法的観点からは，遺族から開示請求があっても拒むことができる（むしろ，正当な理由なく開示してはいけない），という結論になります。

　ちなみに，医療分野の裁判例では，本人が亡くなったとしても，医師は遺族（相続人）に対して顛末報告義務を負うという結論を採るものがありま

---

*10　個人情報保護法2条1項。

*11　医療分野では，遺族からの開示請求に応じる運用になっています。厚生労働省の「診療情報の提供等に関する指針」によると，「医療従事者等は，患者が死亡した際には遅滞なく，遺族に対して，死亡に至るまでの診療経過，死亡原因等についての診療情報を提供しなければならない」とされています。一方，カウンセリングではそのような公的指針はありません。

*12　「保有個人データ」の詳しい説明は，鳥飼（2023，p.60）を参照。

*13　個人情報保護法33条2項1号。

す。その理論構成は，遺族は直接の契約相手でないとしても，信義則上，顛末報告義務を負うとするものや，診療契約の付随的な義務とするもの，診療契約の地位を相続するとするもの，などが挙げられています（劒持，2009）。

　そうすると，医療と同じ契約類型（準委任契約）であるカウンセリングの場合でも，カウンセラーは遺族に対して，カウンセリングの経過や結果を報告する義務があると考えることもできます（明確な裁判例や学説があるわけではないので，あくまで一つの見解です）。

B．考慮事情

　続いて，法律論以外の事情を検討してみます。

　まず，遺族の方からすれば，「亡くなった理由を知りたいので相談内容を開示してほしい」と望むのは自然な感情でしょう。ただし，遺族のためを思って開示してしまうと，「ここの団体は遺族に開示される」と思われて，将来，他の相談者が正直に気持ちを話せなくなるおそれ（カウンセリングの効果が低下するおそれ）があります。

　また，カウンセラー側が，「個人情報保護法の対象外です」「利用規約で開示できません」などと形式論で開示を拒むと，「不都合な情報を隠蔽しようとしているのではないか」と遺族側から不信感を持たれ，紛争に発展するおそれもあります。

　一方，亡くなった本人は，守秘義務があることを前提として希死念慮など打ち明けているのであれば，安易にその期待を反故にすべきではありません。ただし，内容次第では，むしろ遺族の方にも苦悩を知ってほしかったのではないか，とも想像できます。

C．一つの試案

　以上を踏まえ，亡くなった本人，遺族の方，カウンセラー側，それぞれの思いを最大公約数的にまとめると，一つの方向性が見えてきます。

　まず，遺族の方には，相談規約を示しつつ，原則として開示できないこと，本人は守秘義務がある前提で相談していただいていること（本人の期待を反故にできないこと）を説明します。一方で，遺族の方の心情にも十分理

解を示します。そのうえで，折衷案として「職場の人間関係のことで悩んでいらっしゃいました」など，相談概要のみ伝えることで容赦していただくのです。

　もちろん，これが唯一の正解ではありませんので，本人の意向や相談内容，遺族の方の事情など総合的に検討して，一切開示しないという決断や，すべて開示するという決断もあり得るでしょう。

2　カウンセラーへの攻撃と対処法

（1）相談現場での対処法 ─────────────────

　カウンセラーへの攻撃性については，たとえばSNS相談では，「あなたそれでもカウンセラーですか？　まったく分かってないじゃないですか。話を聞くのがカウンセラーの仕事なんじゃないですか」といった批判，「殺すぞ」といった暴言，「○○しないと，誰かしらを道連れに自殺します」「(△△してほしくなければ) お金を振り込んでください」といった脅迫などがあります。

　なお，わずかではありますが，女性カウンセラー目当てのいたずらもありました。たとえば，SNS相談外の，ネット上のプライベート掲示板に女性カウンセラーを誘い出し，相談外での関係を持とうとした事例などがあります*14。

　SNS相談におけるカウンセラーへの攻撃と対処法を考えるにあたって，SNSの特性をあらかじめ押さえておく必要があります。杉原ら (2019) は，オンラインにおける抑制解除効果 (Suler, 2004) を挙げ，テキストをベースにしたオンライン相談では，自己開示へのハードルがかなり低下することを

─────────────────
＊14　電話相談において多くの女性カウンセラーが悩まれているところの，性的快楽を得る目的での男性話者からのいたずらは，SNS相談においてはほとんど見られません。

指摘しています[*15]。抑制解除効果があるからこそSNSでは相談しやすいというメリットがある一方で，カウンセラーへの攻撃が対面や電話以上に増えるという傾向もあります。

また，一口にSNS相談といっても，SNSの種類や相談の枠組みによる違いがあり，匿名性の度合いも異なってきます。これまで実施してきたSNS相談の種類には，LINE，旧Twitter，Facebook，Webチャット（第2章4を参照）がありますが，そのなかで最も匿名性が高いWebチャットにおいては，攻撃性やいたずらの比率が多く，次に匿名性が高い旧Twitterにおいては，ユーザーのSNS慣れもあいまって，同様に多い傾向にあります。

カウンセラーの対処としては，こうしたSNSの特性を認識し，SNS相談では対面や電話以上にカウンセラーへの攻撃があることを想定し，心の準備を含めた備えをしておくのがよいでしょう。

①カウンセラーのメッセージにも注意

まず押さえておきたいのは，カウンセラーも自らのメッセージには注意を要するということです。抑制解除効果があるのは，相談者のみならずカウンセラーも同様です。対面や電話であれば言わないような発言も，SNSでは出やすい傾向があります。

加えて，対面や電話では非言語情報で補足できたことがSNSではうまくできないため，カウンセラーの意図と離れて相談者に発言を受け取られることがあり（COLUMN 3-1も合わせて参照），そのため相談者からの怒りを買ってしまう可能性もでてきますので，注意しましょう。

②カウンセラーの心の準備，セルフマネジメント

心の準備としては，カウンセラーへの攻撃を大ごととととらえすぎないこ

[*15] 杉原ら（2019）は，匿名であること，顔や声を見られない（聞かれない）こと，また相談員の姿も見えないことなど，さまざまな要因が絡み，自己開示へのハードルがかなり低下するとしています（第3章のCOLUMN 3-1もあわせて参照）。

と，つまり精神的な傷を受けすぎないようにすることが賢明です。対面や電話では言えないことも，SNSでは多少なりとも言いやすくなるのですから，対面で言われたときと同じような重みでカウンセラーへの攻撃を受け取らないようにすべきです。たとえば，ある意味，気軽に攻撃できてしまうのがSNSであるととらえ，「また攻撃してきたな」くらいの軽さで受け取ることも必要でしょう。

　カウンセラー自身の心のセルフマネジメントの工夫をしつつ，心を折られすぎずに，クライアントからの相談に応えていきましょう。

③相談業務は特殊業務であり，やむを得ないことでもある

　カウンセラーへのひどい脅迫があり，警察に相談したことがあります。その際，ある警察の方より，「一般の人が一般の人に対して言ったのであれば，それは脅迫にあたると思われるが，クライアント−カウンセラーという関係における相談業務であれば，そういった脅迫的な言動はある程度許容しないといけないところもあるのではないか」といった指摘を受けました。

　このご指摘については意見が分かれると思いますが，筆者は納得しました。自殺対策の相談においては，精神的にかなりの程度困窮した人々からの相談を受けることがあるわけで，そういった際の攻撃にも対応していくことは，専門職としてのカウンセラーには必須なことであると考えられるからです。

④組織としての対応方針を決めておく

　大きなトラブルに発展するのを回避し，カウンセラーの過度の疲弊や心の傷を防ぐためにも，組織としての対応方針をあらかじめ決めておくのがよいでしょう。参考として，東京メンタルヘルス・スクエアでの対応方針（表3−1）を一例として示しておきます。

表3-1　カウンセラー攻撃（言葉の暴力）があった場合の対応について

　「怒っている人は困っている人」ということも少なくありません。抱えている思いをどのように処理したらよいのかわからずに，内心困り果てて，怒りに任せた攻撃的表現となってしまう場合も少なくありません。このため，いつも通りしっかりと気持ちに寄り添って，落ち着いて耳を傾けていけるように対応しましょう。
　そのように対応しても，「殺すぞ」などのきわめて攻撃的な強い言葉が収まらないような場合には，以下の4Stepにならい対応していきましょう。

カウンセラー攻撃への対応4Steps

1）真意確認
例）「「殺すぞ（死ね）」というのは，こちらのカウンセラーに対して言っていますか？」

2）注意促し
例）「落ち着いてお話しくださるようお願いします」
　　「「殺すぞ（死ね）」という発言は止めてくださるようお願いします」
　　※注意を促してもカウンセラー攻撃が止まらない場合には，2〜3回繰り返す。

3）中止予告
　再三注意を促してもカウンセラー攻撃が止まらない場合には，相談中止を予告。
例）「そのような発言が続く場合には，相談ができないため，これ以上相談を続けることはできません」

4）相談終了
　真意確認，注意促し，中止予告をしても止まない場合には，最終的には相談中止。
例）「あいにく相談を続けることはできないため，ここまでで失礼します」

（NPO東京メンタルヘルス・スクエア内部マニュアルより）

⑤組織やチームでのフォローは必須

　カウンセラーは生身の人間であり，個人差もありますが，攻撃を受けることが非常にこたえることはもちろんあります。志を持ち，カウンセラーになったとしても，こうしたことでバーンアウトしてしまうとしたら，それは大変に残念なことです。そうならないためにも，組織の対応方針とともに，組織やチームでフォローすることも必須です。組織やチームでのフォローについては，第4章5を参照してください。

（2）法的対処法 ─────────────

　カウンセリングは何かしら悩みを抱えている方とお話をするため，悩みが解決しなかったとき，その不満や怒りの矛先がカウンセラーに向けられ，対面で相談を受けているときに罵倒されたり，相談後に所属先にクレームが入ったりすることもあるでしょう。

　また，最近は SNS やチャットツールなどを使用して相談に乗るケースも増えており，SNS 上で誹謗中傷されたり，悪質な事例では匿名掲示板（5ちゃんねる等）上に当該カウンセラーのスレッドが立てられ，回答内容やプライバシーに関する情報を晒されることもあり得ます。

　このように，カウンセラーに対して攻撃がなされた場合，どのように対処をしていけばいいでしょうか。前項では主に現場でどのように対処するのかについて説明しましたので，以下では主に法的な観点から解説します。

①相談者に損害賠償請求をする

A．法的根拠について

　誹謗中傷や罵倒をしてきた相談者の氏名・住所が分かるケースでは，その相談者に対して損害賠償請求を行うことが基本になります。この場合の根拠は民法709条[16]の不法行為に基づく損害賠償請求になることがほとんどです。

B．「殺すぞ」と言われた場合

　では，前項の解説にあったように，「殺すぞ」と相談者から言われたケースではどうなるか考えてみます。

　「殺すぞ！」というのは，相手の生命・身体に対して危害を加えるかのような発言であり，発言のタイミングや声音，頻度などにもよりますが，脅迫行為と評価しうるものです。そこで，カウンセラーの人格権（民法709条の

───────────────
[16] 「故意又は過失によって他人の権利又は法律上保護される利益を侵害した者は，これによって生じた損害を賠償する責任を負う」。

「他人の権利」）を侵害するものとして違法と判断される可能性が高いです。

　裁判例においても，「お前，死ね，殺すぞ」という発言で60万円の慰謝料を認めた例[17]や，「殺すぞ」などの発言で30万円の慰謝料を認めた例[18]などがあります。なお，いずれの事案も，上記発言以外にも人格権侵害の発言等があったと認定されており，慰謝料の金額はこれらの発言を総合的に考慮したものであることに注意が必要です。

C．損害額の相場について

　損害額の相場ですが，健康被害などを被って通院したり，仕事を休業せざるを得ない場合のように財産的損害が生じているケースと，そういった事態は生じておらず，言動によって畏怖するなどの精神的苦痛（慰謝料）のみ生じたケースではやや異なりますので，両者を区別して説明します。

　まず，暴言を受けたことによって，カウンセラーに適応障害やうつ病などの健康被害が生じてしまったケースです。この場合，その言動によって適応障害を発病することが相当と言えるかどうかが，まず問われます（法学上はこれを「相当因果関係」と呼びます）。

　相談者とトラブルになって，対面で「殺すぞ！」と凄まれれば，適応障害になることもおかしくはないとは思いますが，1回発言されただけでは認められない，という判断がなされる可能性もあります。ここは深入りすると難しくなってしまうので，適応障害を発病することにつき，相当因果関係があることを前提に考えたいと思います。

　相当因果関係があれば，通院した際の通院交通費や診察代，薬代などの費用を請求することが可能となります[19]。また，適応障害で仕事に行けなくなってしまった場合には，休業期間中に本来得られたであろう賃金相当額が，損害として認められる可能性もあります。これに加えて慰謝料も認めら

---

*17　大阪地裁平成27年7月2日判決。
*18　大阪地裁令和4年9月27日判決。
*19　では，カウンセリング費用については認められるでしょうか。事例判断ですが，性的暴行の事案でカウンセリング費用自体を損害とすることは否定しつつ，慰謝料の一事情として考慮した裁判例などもあります（東京地裁平成29年8月8日判決）。

れます。

　次に，暴言は受けたが実害は生じておらず，精神的苦痛（慰謝料）のみ生じたケースです。この場合は，慰謝料のみ請求することができます。慰謝料は，その金額をどう決めるかは明確に定まっているわけではなく，あらゆる要素を加味して判断されることになります[20]・[21]。たとえば，不法行為の態様や程度，その動機はもちろんのこと，それ以外の背景事情，具体的には被害者や加害者の年齢，職業，社会的地位など，ありとあらゆることが考慮されます。

　事例では「殺すぞ！」と発言したケースが取り上げられていますが，「殺すぞ」といっても，おちゃらけて発言したのか，ハサミなどを振り上げながら発言したのとでは，だいぶ状況は異なります。また，職業カウンセラーの場合は，ある程度不安定な相談者と対峙する以上，一定程度の発言であれば受容すべきとの判断がなされてもおかしくはありません（職業や社会的地位の考慮[22]）。

　さらに，財産的損害・慰謝料いずれにも共通するものとして，過失相殺という問題もあります。過失相殺とは，被害者側にも落ち度がある場合に，落ち度を考慮して損害額を定めるという法理です。「殺すぞ」との発言の前に，相談者とカウンセラーで言い合いになっていた場合や，カウンセラーが失言をしてしまっていた場合などは，落ち度があると判断されやすいかもしれません。

　以上を見てみると，損害額ひとつをとっても検討することが盛りだくさん[23]であり，特に慰謝料について相場はほとんどありません。交通事故など，ある程度相場が形成されていると評される分野もありますが，事例のよ

---

[20]　「事実審の口頭弁論終結時までに生じた諸般の事情を斟酌して裁判所が裁量によって算定する」と判示したものとして，最高裁平成9年5月27日判決。

[21]　同旨のことを指摘するものとして，窪田（2018, p.390）。

[22]　この点は，本章2（1）「③相談業務は特殊業務であり，やむをえないことでもある」にて，同旨のことを指摘されたことを紹介しています。

[23]　このほかにも，素因減殺や損益相殺も検討が必要ですが，ここでは割愛します。

うな不法行為事例ではあらゆることが考慮されますし，判断権者（裁判官）によっても変わり得ます。とはいえ，語弊を恐れずに言えば，「殺すぞ！」という発言のみのケースでは，だいたい数万円〜30万円の範囲内といったところだと思います。

D．損害について法的措置を求める場合

上記では，相談者の氏名・住所を特定できている簡単なケースを念頭に置きましたが，実際には電話番号やメールアドレスしか分からないケースも，それなりにあるかと思います（特にオンライン相談に顕著）。この場合でも，たとえば電話番号の契約者については，弁護士会照会[24]によって判明することが多いでしょうし，メールアドレスからも契約者の特定に至ることもありますので，諦めるのではなく専門家に相談されることをお勧めします。

ただし，LINEのユーザーアカウントしか判明しないケースでは，一部の刑事事件化されている場合を除いて，2023年9月現在，LINEグループは弁護士会照会には応じていない状況にありますので注意が必要です[25]。

また，訴訟段階では，対面で「殺すぞ」と発言されたことは，カウンセラー側が立証しなければなりません。カウンセリングを日頃から録音されている方はほとんどいないと思いますが，相談中に攻撃的な態度を取られたり，以前にも同様の発言があった相談者とのカウンセリングの際には，自衛のためにも録音をしておくことを推奨します（突発的な場面では，スマートフォンのロック画面上からカメラをタップし，動画機能を用いれば，比較的容易に音声を録音することができます）。

実際に請求する際には，送った内容が事後でも証明できる手段（具体的にはメールや内容証明郵便など）で送付することになり，話し合いでまとまらなければ，訴訟などの法的措置を検討するという流れになります。

---

[24] 弁護士法23条の2に基づき，弁護士会が，官公庁や企業などの団体に対して必要事項を調査・照会する制度。弁護士に依頼していることが前提となることに注意。
[25] LINEグループ「捜査機関への対応」（https://linecorp.com/ja/security/article/28）。

　とはいえ，いきなり相談者に内容証明郵便を送りつけるというのは，なかなかに例外的なケースだと思いますし，場合によっては逆上してネットに書き込まれるなど，さらなる被害が発生しかねない事態を招くこともあります。基本的にここで述べたことは，相談者がかなり悪質で，こちらの言うことをまったく聞かないような場合を念頭に置いています。実際は，相談者がなぜそのような発言をしたのか，その意図を探るなどワンクッション置いたり，相談者にやんわりと注意を促すなど，対立的にならない形で話を進めるべきであり，内容証明や法的措置は最後の手段と位置づけるべきでしょう。

②発信者情報開示請求手続による相手の特定

　前項の「①相談者に損害賠償請求をする」で説明したことは，相談者が特定できるようなケースを念頭に置いています。では，オンラインでの匿名相談など，相談者が誰か特定できない場合に誹謗中傷されたときはどうなるのでしょうか。以下の事例をもとに考えてみたいと思います。

A．事例：ネット上での誹謗中傷

　立川一郎さんはSNS相談団体に所属するカウンセラーです。そこではLINEのトーク機能を用いて，相談者から日々の悩み事相談を受け付けていました。

　ある日，継続的に悩み相談を受けていたある相談者から「おまえの回答は何の役にも立たない」「この前おまえから言われたことを実践したら，より酷い状況になった」「嘘つき」などとのメッセージが送られてきました。立川さんは事実と異なる内容だったことから，やんわりとその旨を伝えたところ，相談者は逆上して，「反省しないのか！」「おまえのことをネットに書き込んでやる」とのメッセージを送り付け，トークから退会してしまいました。ちなみにこの相談者は，イニシャルでLINEを登録していたため，住所はおろか本名すら分からない方でした。

　不安になった立川さんは，自分の名前をネットで検索してみました。そうしたところ，匿名掲示板である5ちゃんねるに，「最低な心理士立

川●郎を晒すスレ」というタイトルのスレッドがヒットし，そこでは，「立川●郎はクズ心理士」「立川に相談したけどゴミみたいな回答しかなかった。あのポンコツ今すぐ辞めればいいのにw」「あいつ息を吐くように嘘をつくから気を付けたほうがいい」などと，自分を誹謗中傷するコメントがいくつも書かれていました。

　立川さんはあの相談者だろうと確信しましたが，住所や名前が分かりません。何かできることはあるのでしょうか。

B．発信者情報開示請求の要件

　カウンセラーの事例に限らず，最近はインターネットが普及し，誰でも匿名で気軽に書き込みをできるようになったことから，上記のような事例がとても多くなってきています。しかし，不法行為に基づく損害賠償請求をするには，投稿をした者の氏名や住所が分からなければどうしようもありません。

　このときに活用するのが発信者情報開示手続と呼ばれるもので，プロバイダ責任制限法[26]に請求の要件が定められています。発信者情報開示請求とは，ごく簡単にいえば，インターネット上の住所と呼ばれているIPアドレス[27]とタイムスタンプ[28]を開示し，当該情報から発信者が誰かを特定するものになります。

　発信者情報開示請求については，プロバイダ責任制限法5条にその要件が定められています。具体的には以下のとおりです。

---

[26]　正式名称は「特定電気通信役務提供者の損害賠償責任の制限及び発信者情報の開示に関する法律」。

[27]　インターネットに接続した個々のコンピューター（端末）に割り振られた，識別のための個別の数字列のこと。特定の端末ごとに一つのIPアドレスではなく，インターネット上に接続される際ごとにIPアドレスが割り振られるため，時間が異なれば同じ端末でも別のIPアドレスになります。方式によって異なりますが，「192.116.223.771」のように，3桁の数字を4つ組み合わせたものになることが多いです。

[28]　ある出来事が発生した日時・日付・時刻などを示す文字列。

- ●特定電気通信による情報の流通[*29]
- ●自己の権利を侵害されたとされる者
- ●権利が侵害されたことが明らかであること
- ●正当な理由の存在
- ●開示関係役務提供者[*30]に該当すること
- ●発信者情報[*31]に該当すること
- ●開示関係役務提供者が発信者情報を保有していること

C．発信者情報開示の手続

　以上の要件を満たしたとしても，実際の手続きはかなりハードルが高く，従来の発信者情報開示請求にはいくつかの段階がありました。以下で説明しますが，この分野は特に法律用語とインターネット用語が入り混じって，分かりにくいと思いますので，すべてを理解する必要はありません。

　これまでの手順は，1）サイト（5ちゃんねる等）を管理する者[*32]に対する，発信者情報開示の仮処分の申立て，2）申立てにより判明した IP アドレス等から割り出した，アクセスプロバイダ[*33]に対するログ保存仮処分の申立て，3）アクセスプロバイダに対する発信者情報開示請求訴訟，4）開示された発信者に対する損害賠償請求の手続き（「（2）①相談者に損害賠償請求をする」参照）の，最大四つの手続きが必要で，それぞれ弁護士に依頼しなければ，損害賠償請求までたどり着くことすらままならないという状況でした。

＊29　インターネット上に Web サイトを提供している者であれば基本的に該当します。

＊30　サーバーを提供している者，インターネットサービスプロバイダなど。

＊31　総務省令では，氏名，住所，メールアドレス，発信者の IP アドレス /IP アドレスと組み合わされたポート番号，携帯端末のインターネット接続サービス利用者識別番号，SIM カード識別番号，発信時間（タイムスタンプ）とされています。

＊32　コンテンツプロバイダ（CP）ともいいます。CP に対して任意に開示請求をすることも可能ですが，裁判所からの求めでなければ応じないところが多く，仮処分の申立てなどの法的手続がほぼ必須，というのが実情です。

＊33　NTT コミュニケーションズやジェイコム，KDDI など。

しかも，プロバイダの保有するログは通常３〜６カ月で消去されてしまっており，実際の投稿がなされてから上記２）の手続きを行うまでに，時間切れでログが開示できないというケースも多数存在し，このことも開示請求のハードルを上げていました。

以上を受けて，もっと簡単な手続きで開示ができるようにという趣旨のもと，2021年４月21日に法改正がなされました（施行は2022年10月１日）。いろいろと変わりましたが，新たに「発信者情報開示命令事件に関する裁判手続」が設けられたことが，最も大きい変更となります。これは，コンテンツプロバイダとアクセスプロバイダの両者に対する請求を，一つの裁判手続上で可能とするものであり，上記の１）〜３）を一つの手続きでまとめてできるというものです。

なお，新手続きは法律の施行から日が浅く，現在も試行錯誤が重ねられている段階であるため，今後の動きを注視する必要があります。

③削除請求をする

立川さんの事例では，発信者を特定したうえで損害賠償請求をするほかに，書き込みの削除請求を行うことも可能です。削除請求の場合，発信者に削除請求することが基本となりますが，サイトや掲示板などによっては発信者自ら削除することがそもそもできず，ウェブサイトの管理者のみしか削除権限がないということも多々あります（事例の５ちゃんねるも同様）。このような場合は，発信者ではなく Web サイト管理者に対して，投稿の削除請求をしていくことになります。

A．Web サイト管理者への削除請求

削除請求は，人格権に基づく差止請求権をその根拠とするため，要件としては自身の人格権が侵害されていることだけで足り，主観的な故意や過失などは不要とされています。

実際の手続きは，裁判所を通して行う仮処分手続によってなされることになります。なお，事例の５ちゃんねるを相手とする削除請求では，運営会

社[*34]がフィリピンに存在するため，日本でも裁判をすることはできますが，フィリピン法人の資格証明書が必須など，やや特殊な知識が必要となることに注意してください。

B．検索エンジンに対する削除請求（応用編）

検索エンジン（Google 検索や Yahoo! 検索など）に，「立川一郎」と入力すると，「立川一郎　嘘つき」などというサジェストが出てきてしまうことがあります。特に 2 ちゃんねるや 5 ちゃんねるにスレッドができてしまうと影響力が大きいため，検索エンジン上でも不利益なサジェストが出てくる可能性が高いです。

この場合，検索エンジンを管理する運営者（Google であれば，Google LLC というアメリカ合衆国の法人）に対して，削除請求をすることになります。削除の手続自体は前述の②で述べたことと同様ですが，検索エンジン提供事業者は，検索結果をシステムに則って表示させているだけであり，運営者自身が違法表現を行っているわけではないことから，裁判例上さまざまな制約が課されており[*35]，削除自体を否定する事例[*36]もありました。しかし，プライバシー権侵害の事例で，最高裁が例外的ではありますが削除請求ができるとする枠組みを示しました。重要なので該当部分を示します。

【最高裁平成29年 1 月29日決定】（傍線は筆者にて付記）
　「検索事業者が，ある者に関する条件による検索の求めに応じ，その者のプライバシーに属する事実を含む記事等が掲載されたウェブサイトの URL 等情報を検索結果の一部として提供する行為が違法となるか否かは，当該事実の性質及び内容，当該 URL 等情報が提供されることによってその者のプライバシーに属する事実が伝達される範囲とその者が被る具体的被害の程度，その者の社会的地位や影響力，上記記事等の目

---

*34　Loki Technology, Inc.
*35　東京地裁平成22年 2 月18日判決等。
*36　東京高裁平28年 7 月12日決定。

的や意義，上記記事等が掲載された時の社会的状況とその後の変化，上記記事等において当該事実を記載する必要性など，当該事実を公表されない法的利益と当該 URL 等情報を検索結果として提供する理由に関する諸事情を比較衡量して判断すべきもので，その結果，当該事実を公表されない法的利益が優越することが明らかな場合には，検索事業者に対し，当該 URL 等情報を検索結果から削除することを求めることができる」

　これによれば，検索結果を削除する利益と，検索結果として当該 URL を表示する利益を比較して，前者が後者を上回ることが明らかな場合に，検索エンジンに対する削除請求を認めるということになります。

　なお，この後，検索エンジンではありませんが旧 Twitter のツイートの削除について，最高裁が示した「明らか」という枠組みに依拠せずに，単純な比較衡量で削除できるかのような最高裁[37]が出たことから，旧 Twitter の場合は通常の検索エンジンよりも比較的削除しやすい，と言えるかもしれません。

　いずれにせよ，検索エンジンの削除請求は，通常の削除請求より高いハードルが課されていますので注意が必要です。

④刑事告訴をする

　以上は，基本的に金銭での解決がベースとなる，民事事件についての説明でした。ただ，民事事件では解決できないケースも残念ながらあります。特に，女性カウンセラーを誘い出すなどのケースでは，相談者がカウンセラーに恋愛感情を抱き，ストーカー化してしまうことも想定されるところです。

　ストーカー化してしまった場合，ストーカー規制法[38]に基づき，警察に相談のうえで警告を発してもらう，接近禁止命令を出してもらうなどが考え

---

*37　最高裁令和 4 年 6 月 24 日判決。
*38　ストーカー行為等の規制等に関する法律。

られます（同法5条）。

　ストーカー規制法は「つきまとい」行為をその対象としていますが，つきまといの目的として，「特定の者に対する恋愛感情その他の好意の感情又はそれが満たされなかったことに対する怨恨の感情を充足する目的」（同法2条1項柱書）を要求しています。簡単にいえば，恋愛感情やフラれた腹いせでつきまとっている，という意味です。

　したがって，ストーカーが恋愛目的等の場合でない場合は，同法の対象外となります。ただ，恋愛目的ではない場合でも，嫌がらせの度が過ぎて業務に支障をきたす場合などは，威力業務妨害罪（刑法234条）や軽犯罪法（具体的には1条28号等）に該当し，刑事罰の対象になりうるので，迷ったら警察や弁護士にとりあえず相談してみましょう。

3　カウンセラーが法的責任を感じるケース

　SNS相談を担当するカウンセラーが，相談に対して自らの責任を感じてしまうことがあります。それらはしばしば，罪悪感や不安，恐怖といった感情を通して認識されます。ここでは，法的責任論について説明する前に，実際のカウンセラーたちが感じやすいことを，いくつか示しておきたいと思います。

（1）相談者の自殺

　SNS相談のカウンセラーは，相談に来た人の気持ちに寄り添いつつ，心理的および物理的な視野が広がり，苦しみや困難状況から脱するための選択肢を持てるように，お手伝いをしています。相談者のなかには，自殺のリスクが高いと思われる例もあり，具体的な支援につなぐことも含め，整理と情報提供なども進めていきます。

　「死ぬ」との訴えが現実に迫っていると思われるなかでの支援は，多かれ少なかれカウンセラーの心を揺さぶります。その揺れは，カウンセラーの特性にもよりますが，どのように訓練を重ね経験を積んでいたとしても，起こりうることです。そして，残念ながら相談者が亡くなったという報に接することもあります。そのようなときに，カウンセラーは自分が行った支援が適切であったのかという疑問から始まる不安，その死に対する責任の一端を感じての罪悪感，場合によっては遺族から何か言われるのではないかという恐怖，さらには自分が支援者の席に座り続けることは不適切なのではなかろうかという考えなどに悩むこともあり得ます。

　カウンセラーの心の揺れの一つとして，「訴えられたらどうしよう」というのもあります。人を助けたいと思っているのに，加害者側の席に座らされるということを，強い恐怖として感じるのは自然なことです。当然，そのような事態では，相談に取り組んでいる仲間，スーパーバイザーらとの振り返りなどを進めるでしょう。そして，適切な対応をしていたのか，より良い対応はなかったのかなど，検討を進めていきます。

　それでも，そんなに簡単に「できることはやれた」と割り切るのは難しいものです。

（2）相談者から状態が悪化したと訴えられる・クレームになった

　SNS相談を求めたことで逆に状態が悪くなった，と言われてしまうこともあります。しばしばそれは，法的な責任を求めてではなく，謝罪を求めての訴えであったり，同様のことが他の相談者に対して行われることを危惧して，正義感からの訴えであったりします。

　相談の途中で，「あなたと話して調子が悪くなってきた」と言われてしまうこともあります。最初から喧嘩腰で来た人の場合など，どんなベテランでも，スムーズに対応を進められないこともあります。余裕がなくなると，寄り添いたいポイントからずれてしまったり，不適切な情報を出してしまった

りするなど，悪循環に陥ってしまう例を見かけることもあります。

　相手からの謝罪などの要求に対応することで，相談対応時間などの相談の枠組み，そして本来のルール，つまりどのような方を対象に，どこまでを支援するのかなどが，揺さぶられることがあります。

　自分が行った相談の後にそのような状況が生じてしまうと，さまざまな気持ちがカウンセラーの心の中を巡ります。SNS相談の他のチームメンバーに迷惑をかけてしまう，自分が仲間からどのように見られるのかといった不安，相談に来た人に対して苛立ちを覚えることもあるようです。

　さらに，SNS相談を実施している団体に対するクレームなどに発展する場合，自分の所属する団体の信頼，他組織との信頼関係など，業務遂行が脅かされることを危惧することもあります。

（3）提供情報のズレや間違い ─────────────

　SNSを用いた相談を委託されて実施している場合，委託元との契約内容や，委託元の現状や意向を踏まえて相談は展開されます。紹介できる団体や医療・福祉制度も，地域性があります。それらの社会資源の把握が曖昧なまま，思い込みで現実的ではない支援の可能性に言及してしまい，後でその間違いを訂正しなければならない場合などは，相談者のみならず，関係機関にも迷惑をかけることがあります。地域も制度も，そして取り組み自体も，時々刻々と変化しているものもあり，新しい情報の更新が絶えず必要となっています。

　カウンセラーは，そのような状況に適切に対応していかなければならないのですが，人間ですからできないことも時にはあります。そして，失敗体験や，ちゃんとできているだろうかという不安が高じると，気に病むのです。

（4）相談内容の開示や意見書の依頼 ─────────────

SNS 相談では，相談対応が相談者の手元に残るものがほとんどです。そのため，相談後に相談内容の開示を求められるという可能性は低いと思われます。

相談者と相談記録を共有していない場合は，相談内容の開示が求められることがあります。そのことについての話し合い自体も，相談のなかでも取り扱われて然りと考えますが，カウンセラーと相談者の関係がこじれた後に，相談内容開示の請求が出されることがあります。

また，証明書や意見書の発行を求める方もおられます。苦しい状況に陥って相談に来ていたのだから，そのような状態に陥っていたということを証明してほしい，離婚裁判における親権の扱いについて，いかに自分が親として適切なのかの意見を出してほしいと要求されることもあるかもしれません。カウンセラーによっては，そのような場合にどのように対応すべきなのかなど，悩ましく感じるでしょう。

ここでは，カウンセラーが出会うかもしれないいくつかの場面を取り上げてみました。どのような状況でも，感情のアンテナを敏感にし，認識したうえで，適切な対応を進めていくしかないのです。

4 カウンセラーの法的責任論

（1）基本的な概念の整理 ─────────────

ここでも，事例をもとに考えてみたいと思います。

①事例：カウンセリング費用の返還要求

> 　中野さんは，臨床心理士と公認心理師の資格を持ち，有料の個別カウンセリングを営んでいます。現在，「会社の同僚との関係で苦しんでいる」との主訴で，オンラインによるカウンセリングを月1回のペースで，1年近く続けているクライアントがいます。
>
> 　ところが，先日，クライアントから「次回はキャンセルします」「1年も通っているのに，何も変わらない。会社も辞めることにします」「無駄な1年間を過ごしたので，料金をすべて返してください。再就職できるまでの生活費も払ってください」とメールが届きました。
>
> 　たしかに，なかなか改善する兆しが見えてこないので申し訳ないと思っていますが，料金や生活費を払わないといけないのでしょうか。

②考え方の流れ

　まず，トラブルが発生した場合の基本的な法律の考え方を整理します。カウンセリングにまつわるトラブルが発生した場合，最終的には，金銭賠償の問題となります[39]。そして，金銭賠償を決めるためには，まず①責任論（法律的な責任を負うのか），次に②損害論（責任を負うとして賠償金額はいくらか），という順序で検討することになります（言い換えれば，そもそも責任を負わないのであれば，賠償金額云々を検討する必要はありません）。

A．責任論

　責任論は，契約関係にある者の間で発生する「契約責任」と，契約関係の有無にかかわらず発生する「不法行為責任」に大別されます。ただし，医療現場やカウンセリングの場面では，「このように振る舞うべきであったのに振る舞わなかった」という注意義務が主題となりますので[40]，「契約責任」と「不法行為責任」の違いはあまり気にしなくてもかまいません。そして，

---

*39　法的責任には，刑事責任と民事責任がありますが，カウンセリングにおいて，よほど悪質な対応をしないかぎり，刑事責任（業務上過失致死傷罪など）に問われるとは考えにくいので，本書では民事責任を検討します。

後ほど詳しく説明しますが，場面に応じて具体的に注意義務を設定して，「予見可能性」「結果回避義務」の観点から細かく検討することになります。

B．損害論

損害論では，まず，どのような損害が発生したのか，項目を挙げることになります。たとえば医療過誤の裁判では，追加で必要になった治療費，休業損害，慰謝料[*41]，後遺障害が生じた場合は逸失利益[*42]が，損害項目となります。

次に，注意義務違反の行為と生じた結果（損害項目）との間に，因果関係があるか否かが問題となります。たとえば，心療内科でうつ病の治療を受けていた患者が，薬の過剰処方によって体調がむしろ悪化して会社を退職してしまったと主張する場合，注意義務違反（＝薬の処方が適切であったか否か）と，結果（退職によって将来得られるはずであった収入が得られなくなったこと等）との間に，因果関係があるかどうかが問題となります（医療機関側からすれば，「退職する必要まではなかったのではないか」と考えて，因果関係を争うことになるでしょう）。

このほか，特に精神疾患が関係する裁判では，「過失相殺」や「素因減額」という概念がしばしば登場します。「過失相殺」とは，被害者側にも一定の不注意や落ち度があった場合（たとえば，医師の指示に従わず不摂生を繰り返していた場合），損害をすべて加害者に負担させることは不公平にな

[*40] 厳密には，注意義務に違反する類型として「故意」と「過失」の二つがありますが，カウンセラーが「故意」にクライアントへ損害を与えることは考えにくいので，本書では「過失」を前提に説明を進めます。

[*41] 慰謝料とは，精神的苦痛に対する賠償のことで，治療費などの実損害とは別に認められます。たとえば，交通事故で1カ月入院した場合，治療費や休業損害とは別に，数十万円程度の慰謝料が認められます。

[*42] 逸失利益とは，将来得られるはずであった利益（収入）が得られなくなったことに対する補償です。たとえば，交通事故によって30歳で亡くなった場合，定年（65歳程度）までに得られたはずの収入を算定して，死亡の有無にかかわらず支出した生活費を控除して，逸失利益を算定します（年齢や職種によっては数千万円にのぼることがあります）。

るので，損害額を割り引く制度です。「素因減額」とは，落ち度とまで言えなくても，個体的要因（たとえば，もともと強度の精神疾患を抱えていた点）を考慮して，過失相殺に準じて損害を減額する制度です。

③カウンセリングの法的性質（準委任契約）

　事例を考えるうえで，SNS相談を含む，カウンセリング全般の法的性質を整理しておきましょう。

　カウンセリングは，民法の「準委任契約」に当たります[*43]。聞き慣れない用語だと思いますが，売買契約や賃貸借契約といった法律行為を他人へ依頼することを「委任契約」といい，法律行為以外の事実行為を依頼すること（たとえば，幼児の保護預かり，高齢者の介護サービス）を，「委任に準じる」ということで「準委任契約」と呼称します。カウンセリングは，対話や心理療法という事実行為を提供するものなので，準委任契約に該当することになります。

　また，医療行為も「準委任契約」に当たります。医療の分野では，法律問題について裁判例や学説など多くの蓄積がありますが，カウンセリングの分野ではほとんどありません。そのため，本書では，医療の分野（特に精神科）での議論を参考にして，カウンセリングの分野の法律問題を考察します。

　ちなみに，クライアントとの間で契約書を交わしたり，利用規約（約款）をクライアント側へ提示していた場合，その内容が両者の法的関係を決めますが[*44]，通常皆さんが利用する契約書や利用規約の雛形は，準委任契約であることを前提に作成されています。また，契約書や利用規約を作成していない場合も，準委任契約として扱われます。

[*43]　民法656条。

[*44]　ただし，契約書や約款の内容がクライアント側に著しく不利な場合，無効となることがあります（消費者契約法10条，民法584条の2第2項）。

④善管注意義務

準委任契約に適用される権利や義務について，民法にいくつか定めがあります[*45]。一番重要なのは「善管注意義務」です。善管注意義務とは，「受任者は，委任の本旨に従い，善良な管理者の注意をもって，委任事務を処理する義務を負う」と定められている義務のことですが，噛み砕いていうと「依頼された内容に沿って全力で取り組んでください」ということです。カウンセラーの場合の善管注意義務は，抽象的に表現すると，「カウンセラーとして培った技法を活かしてクライアントの支援になるよう，全力で取り組む義務」ということになります。

ここで重要なポイントは，善管注意義務は，「結果」を保証するものではなく，全力で取り組むという「プロセス」についての義務ということです。そのため，クライアントの主訴や悩みを解消するという「結果」が出なくても，全力でカウンセリングに取り組んだのであれば，善管注意義務の違反にはなりません。

一方，二日酔いで明らかにパフォーマンスを出せない状態でカウンセリングに臨んだ場合や，「○○療法が得意」と称しているのに，実際にはトレーニングをほとんど受けていない場合は，善管注意義務に違反（契約違反）となります。契約違反となると，場合によっては契約解除となり[*46]，クライアントへ料金を返さなければなりません。また，契約解除でなくても，クライアントに損害が生じたのであれば，カウンセラーはクライアントに対して損害賠償をしなければなりません[*47]。

ちなみに，準委任契約と似たような契約類型に「請負契約」というものがありますが，これは，「結果」を保証するものです。たとえば，「納期までに○○文字以内で会報誌の記事を書いてください」という依頼は請負契約ですが，いくら「全力で取り組みましたが納期までに書けませんでした！」と言

[*45] 民法643条以下。
[*46] 民法541条。
[*47] 民法415条1項。

い訳しても，契約違反になります。

⑤具体的な注意義務の設定

　カウンセラーの場合の善管注意義務は，「カウンセラーとして培った技法を活かしてクライアントの支援になるよう，全力で取り組む義務」と抽象的に説明しましたが，トラブルが起きたときには，その場面に合わせて注意義務を細分化する必要があります。たとえば，クライアントが明らかにうつ症状を呈しているけれども，カウンセラーには対処する術が乏しい場合，「その具体的な場面を前提とすると，標準的なトレーニングを受けたカウンセラーはどのような振る舞いが求められるか（何をする義務を負っているか，何をしてはいけない義務を負っているか）」という観点から，「リファー義務」や「副作用防止義務」などの注意義務が具体化してきます[48]。

　この「標準的なカウンセラーに求められる振る舞い」を決める際の考慮要素として，標準的な教科書の内容，所属団体の倫理規定やマニュアルの内容，社会通念上カウンセラーに求められるものなどがあります。

　以上をまとめると，善管注意義務というのは包括的な概念であって，トラブルが生じて法的責任を議論する際には，その状況に応じて更に細分化した注意義務を設定する必要があるのです[49]。より具体的な「リファー義務」や後に説明する「自殺防止義務」は，善管注意義務から派生した義務となります。

⑥予見可能性と結果回避義務

　具体的な注意義務を設定した後に，実際にその注意義務に違反したかどうか（過失があったかどうか）を検討することになりますが，その際に，予見可能性と結果回避義務という二つの視点で検討します[50]。

　まず，予見可能性は，「予見できなかった結果まで責任を負わされるのは

---

*48　カウンセリングの分野におけるさまざまな義務については，鳥飼（2021, pp. 96-123）を参照。

酷ではないか（＝予見できなかった結果については責任を負わない）」という視点です。たとえば，クライアントが自殺念慮を抱いていることを，まったく予見できなかった場合，たとえクライアントが自死してしまったとしても，その結果についてカウンセラーは責任を負わないことになります。

　次に，結果回避義務は，「（結果を予見できたとしても）理論的に結果を回避できる手段が複数想定されるとき，あまりに現実離れした手段を講じるよう求めることは酷ではないか（不可能を強いるべきではない）」という視点です。たとえば，クライアントが不安定になって刃物で他人を傷つけようとしているとき，カウンセラーに自らの命を犠牲にしてでも阻止するよう，義務を負わせるのは酷なので，警察に通報するなど現実的な義務を負わせるに留めることになります。

⑦事例の検討

　以上を前提とすると，事例の場合，たとえ結果としてクライアントが満足していなかったとしても，カウンセラーとして問題なく取り組んでいたのであれば契約違反（善管注意義務違反）とはならないため，返金する必要はあ

＊49　医療分野の裁判例でも，その場面に応じて注意義務が細分化されます。たとえば，通院中の統合失調症患者が自殺した事案で，東京高裁平成29年9月28日判決は，「（医療機関側には）遅くとも，平成23年5月30日の時点においては，当該患者の自殺を防止（回避）するために，具体的な増薬の指示，監視の徹底及び入院措置等の必要な措置を講じるべき注意義務があった」と判断しています。また，急性脳症が疑われる患者を診察した個人開業医の転医義務が問われた事案で，最高裁平成15年11月11日判決は，「（個人開業医には）診療中，点滴を開始したものの，当該患者のおう吐の症状が治まらず，当該患者に軽度の意識障害等を疑わせる言動があり，これに不安を覚えた母親から診察を求められた時点で，直ちに当該患者を診断した上で，当該の上記一連の症状からうかがわれる急性脳症等を含む重大で緊急性のある病気に対しても適切に対処し得る，高度な医療機器による精密検査及び入院加療等が可能な医療機関へ患者を転送し，適切な治療を受けさせるべき義務があった」と判断しました。

＊50　厳密には，「予見可能性」「結果回避義務」のほかに，「予見義務」「結果回避可能性」も検討要素になりますが，本書ではそこまで深入りせず，「予見可能性」「結果回避義務」の二つの視点で検討を進めます。

りませんし，再就職するまでの生活費を払う必要もありません。

　ただし，クライアントに対する伝え方は，注意したほうがよいでしょう。たとえば「善管注意義務に違反していませんから，料金はお返しできませんし，生活費もお支払いできません（因果関係もありません）」と返信することは，法律的には間違った内容ではありませんが，クライアントの納得につながるか（更なる紛争に発展しないか）という観点からは工夫が必要です。たとえば，「1年間，私なりに全力でカウンセリングに取り組んでまいりましたが，結果として○○様のご期待やご要望に沿えなかったことは，心苦しく思っております。返金やお支払いはできませんが，○○様にご不快な思いをさせてしまいましたことにつきまして，お詫び申し上げます」などと，法的観点だけではなく相手の心情にも配慮した伝え方がベターと考えます。

　ちなみに，「謝ったら責任を認めたことになる」と言われることがありますが，自動的にそうなるわけではありません。社交辞令の範囲内で謝罪的な文言を使ったとしても，法律的な責任を認めたことにはなりません。

（2）裁判例でみる自殺防止義務 ─────────────

　ここでも，事例をもとに考えてみたいと思います。

①事例：自殺願望を訴えていたクライエントの自殺未遂

　野方さんは，SNS相談をしているNPO団体のカウンセラーです。先日，「今すぐ死にたい」「今，駅のホームにいます」「何度も死のうと思ったけど，今日こそ実行します」とメッセージがありました。しかし，野方さんはそのとき，自殺願望を訴える他の相談者からのメッセージに対応していたため，すぐにこのメッセージに返信できませんでした。
　3時間後，ようやくこのメッセージに対応したところ，「何時間待たせるのですか！私の話なんてどうでもいいのですよね?!」と憤慨した様子だったので，「お待たせして申し訳ございません」と謝罪してなだ

めました。

　相談を開始して，野方さんは傾聴に徹しましたが，良かれと思って，「何度も死のうと思ってできなかったんですね。今日も止めておきましょうよ」と返信したところ，相手は「できないと思って馬鹿にしているのか！」と怒り，返信が来なくなりました。

　数日後，ある親から「うちの子が自殺未遂をしました。おたくにSOSを発していたのに，しばらく放置して，挙げ句の果てに自殺を煽るなんてひどすぎます。責任を取ってください」と連絡がありました。

②参考裁判例（精神科の事例）

　善管注意義務の一環として，カウンセラーにはクライアントの安全を守る義務（安全配慮義務）があり，その派生として自殺防止義務を観念することができます。

　ただ，公刊されている裁判例で，カウンセラーの責任が問われたものは見当たりません。そのため，カウンセリングと類似する精神科の裁判例（精神科において患者が自死した事例）を参考にします。

A．岡山地裁平成24年2月28日判決

【事案の概要】

● 患者Xさん（20代，女性）。介護が必要な母親と二人暮らし。

● うつ病のため通院し，ハルシオン，レンドルミン，サイレース，マイスリーを処方される。

● 通院期間中，リストカット，首吊り，大量服薬など自殺未遂を繰り返す。

● 通院から8カ月後，自宅で首つり自殺。

● 生前のXさんが作成したメモ

　「お金がないと不安になる。売春してでも風俗で働いてでも手に入れる。そしてスロットに使う。パチンコをしていると何も考えずにす

むから，毎日パチンコに行く。とてつもない恐怖感が突然襲ってくる。夜眠れない。起きた瞬間はいつも放心状態。母の干渉でノイローゼ。自分が2人いる。変な癖がいっぱいある。1人が好きでも1人でいると怖くなる。毎日，何をしたらいいかわからない。世界中で自分は独りぼっちだと思う。夜が特に多く，ものすごい怖くなり淋しくなる。昼，夕方もある。育った環境がすごい。何も考えたくない。早く寝たい。だから薬を飲む。飲んでも眠れない」

【主な争点】
①投薬上の注意義務（過剰投薬で逆に不安定になったか否か）
②自殺防止義務，転医義務（入院施設のある病院へリファーすべきだったか否かなど）

【裁判所の判断】
①投薬上の注意義務
　薬の処方は，添付文書で定められた通常の用法・用量に従ったものではないが，初診時に不眠症に加え睡眠薬依存症を発症していたこと，すでに通常量を超える多量の睡眠薬を服薬していたこと，不眠症に対する効能，離脱症状の回避および別途睡眠薬を得る目的で他院に通院することの回避という点からは，急に添付文書等で定められた用法・用量に従った処方に改めるのはかえって危険であるから，医師の裁量により通常量を超えた処方をすることも許される。
⇒投薬上の注意義務違反は認められない。
②自殺防止義務など
●予見可能性——強制入院措置がとられるような状況であったとは考えにくいし，普段の生活やクリニック受診時における様子から，自傷行為に及ぶ差し迫った危険まで予測することは困難であったことから，自殺企図を行う一般的抽象的可能性を予測することはできるものの，

それを越えて，再び自殺企図を行う差し迫った危険があるとまで，具体的に予見することはできなかった。

●結果回避義務——入院設備のある医療機関への受診を促すことや適切な心理療法を行うなど，自殺防止措置を講じる義務はなかった。

●結果回避義務——当時の家族関係に鑑みれば，家族に自殺の危険性を説明しその協力を求めるべき義務はなかった。

⇒結論として，病院側の注意義務違反（責任）を否定。

【著者のコメント】

　裁判所は自殺の予見可能性について，抽象的な可能性では足りず，具体的で緊迫的な可能性が必要と判断しました。

　一方，この裁判所の判断については，通院期間中に自殺未遂を繰り返していたことから，自殺の予見可能性を認めるべきとの批判もあり得るでしょう。

　ちなみに，過去に自殺未遂歴があったからといって，現在も具体的な自殺の危険性があると単純に認められるわけではありません。たとえば，自殺未遂を起こした後，長期間入院し，退院したけれども約3年後に自殺してしまった事案で，裁判所は，退院後に抑うつ状態は一応寛解したと診断されるまでに回復し，定期的な通院中も経過は良好で著変は見られなかったことから，自殺を具体的に予見することはおよそ不可能であったと判断しました（東京地裁平成31年1月25日判決）。

B．横浜地裁平成25年1月31日判決

【事案】

●患者Yさん（60代，女性）。仲の良かった義姉が亡くなった後，食欲不振，不眠となり，うつ病と診断されて大学病院へ入院して，主に薬物療法を受ける（当初は任意入院だったが，後に医療保護入院へ変更）。

- 入院中，医師からの「こんなに辛いならもう消えてしまいたい，などと考えませんか」との質問にうなずくなど，希死念慮も認められたが，日によって変動するような漠然としたものであった。
- 入院から2カ月後，昼間，病室の窓の鍵にバンダナをひっかけて首を吊り，植物状態になる。

【主な争点】
①自殺の予見可能性
②病院側の結果回避義務（自殺防止措置として，短間隔での訪室，危険私物撤去，離床センサー，希死念慮を評価するための問診や精神療法を実施すべであったか否か）
③義務違反があった場合，結果との間の因果関係（義務を履行していれば自殺を防げたか否か）

【裁判所の判断】
①予見可能性
- 「死んだ方がましだ」などの希死念慮は，程度の差こそあれ，うつ病患者の40～70%に見られるが，実際に自殺を企図するのは約15%とされているから，自殺念慮があったからといって直ちに自殺の具体的危険が高まっていると即断することはできず，その自殺念慮が自殺企図を伴うものであるかどうかや，患者の状況を踏まえ，自殺の具体的危険性の有無，程度を判断する必要がある。
- 担当医らが，自殺企図の履歴や，自殺・自傷の試みがないことや，診察時の様子が落ち着いていたことなどの事情を総合考慮して，自殺の具体的危険がないと判断したことは誤りではない。
②結果回避義務（問診義務）
- 自殺防止のためには，患者の自殺念慮の有無を把握することが重要であり，そのためには「死にたいと考えているか」を端的に問いかけ

（そのような問いかけ自体が自殺を誘発するという考え方には根拠が
なく，問いかけをためらってはならない），肯定的な答えが返ってき
た場合には，治療中は自殺しないことを約束させるなどの働きかけを
することが有効な手段の一つであることは，精神医学の臨床現場にお
いてコンセンサスが得られた考え方である。

●うつ病患者に対し，常に，定期的に問診等を行う義務があるというこ
とはできないが，自殺念慮を有することが具体的に疑われたり，自殺
の相当程度の危険が認められる場合には，担当医としては，問診等を
行う義務がある。

⇒病院側には問診義務違反がある。

③因果関係

●問診義務違反があるとしても，担当医らによる問診に対して，正直に
心情を吐露したかどうかは定かではないし，自殺しないよう約束させ
るなどの働きかけやその他の措置が講じられたとしても，それが功を
奏したかどうかも定かではないから，問診を行っていれば自殺を防ぐ
高度の蓋然性があったと認定することは困難である。

⇒問診しなかったことと自殺との間に，因果関係はない。

●一方，それほど高度なものではないとしても，自殺を防止する相当程
度の可能性はあり得たということができるから，このような可能性を
喪失した点は，担当医らの過失と相当因果関係のある損害である。

⇒慰謝料300万円を認定。

【著者のコメント】

　非常に分かりにくい流れですが，示唆に富む内容となっていますので
順を追って解説します。

　まず，予見可能性については，抽象的な自殺念慮では足りず，具体的
な自殺念慮（危険性）が必要であるとして，予見可能性を否定しました
（これは岡山地裁判決と同様です）。このような考え方は，その後の裁判

例*51でも踏襲されています。

　予見可能性がなければ，そこで責任問題の議論は終了するように思い
ますが，この裁判例では，さらに問診義務について検討しています。問
診によって自殺の危険性をアセスメントすることができるため，医療機
関側は問診をすべきであったとして，問診義務違反を認めました。

　ところが，ややこしいのですが，裁判所は，仮に問診をしていたとし
ても自殺を防ぐことができた可能性は乏しい，と判断しました（問診義
務違反と自殺結果との因果関係を否定しました）。

　裁判での因果関係の立証は，過半数（49対51）では足りず，イメージ
で表現すると「問診をしていれば80〜90％の確率で自殺を防止すること
ができた」と言えるくらい高い立証が求められるのです。ところがさら
にややこしいのですが，裁判所は，因果関係は認められないとしても，
「相当程度の可能性」を侵害した点について慰謝料を認めました。

　その理由は，イメージで表現すると「問診をしていれば，80％未満か
もしれないが自殺を防止できた相当程度の可能性がある。命は重要な法
益であるから，たとえ80％未満の確率であっても期待することは，保護
に値する（慰謝料の対象となる）」というものです*52。ただし，因果関
係は認められないという前提での慰謝料ですので，その金額は300万円
とされました（因果関係が認められた場合の慰謝料は，2,000万円程度
となります）。

---

*51　たとえば，高松地裁平成31年3月26日判決は，「精神科医療の目的やその性質に照
　　らせば，患者の自殺防止のために，当該患者が自殺する抽象的な危険性があるという
　　だけで，医療者に予見可能性があるとして，これを前提とする結果回避義務を負わせ
　　るとすると，精神科医療の萎縮を招くのみならず，患者に対する過度の監視や拘束に
　　つながり，社会復帰の促進という精神科医療の目的に悖ると共に，患者の人権を無用
　　に制限することになりかねない。かかる精神科医療の特殊性を考慮すると，医療者の
　　患者に対する自殺防止義務違反があるというためには，単に抽象的な自殺の可能性を
　　認識していただけでは足りず，自殺の具体的・現実的危険性があることを認識し得た
　　ことを要すると解するのが相当である」と，一般論を述べています。

96

　裁判所がこのようなややこしい（回りくどい）論理構成をしたのは，「予見可能性がありません（賠償はゼロです）」と一刀両断するのは忍びないと考え，少しでも賠償（慰謝料）を認めてあげようと苦心したと思われます（あくまで私見です）。ちなみに，相当程度の可能性も認められない（助かった可能性は20％未満）であっても，医療行為が著しく不適切であった場合，「適切な医療行為を受ける期待権を侵害されたこと」に対する慰謝料が認められる場合があります（最高裁平成23年2月25日判決）。

C．最高裁平成31年3月12日判決

【事案の概要】

● 患者Zさん（中国出身の女性，20代のとき日本人と結婚して日本で生活）。D医師の診察を受け，初診から6年後に統合失調症と診断。

● さらに6年後，強い希死念慮が見られたので大学病院へ医療保護入院後，安定したので約2カ月で退院して，再びD医師のクリニックで通院治療を始め，減薬を試みる。

● その後，中国の実家へ帰省中に幻聴や希死念慮が現れ，家族に対して「これからは3人（自分以外）で生きてください」と告げ，その状況をメールでクリニックへ報告。クリニック側は「困難な場合には，入院で薬の調整をしていただくことを考える必要があるかもしれません」と返信。

● 翌月，Zさんは実家マンションから飛び降り自殺。

＊52　医療訴訟では，「医療水準にかなった医療が行われていたならば死亡又は重大な後遺障害の結果を回避できた相当程度の可能性が認められた場合には，損害として，この可能性が侵害されたことによる精神的苦痛に対する慰謝料が認められることになる。慰謝料の額は，上記可能性が認められる程度（相当程度の可能性が認められる可能性の程度は20％程度ないし80％未満の範囲であると思われる），注意義務違反の程度及び生じた結果の重大性の相関関係によって決せられ，民事第34部では，100万円から2,000万円前後の金額の範囲で認めていた」（桃崎，2023, p.9）と指摘されています。

【裁判所の判断】

● 長野地方裁判所松本支部——入院措置義務（自殺予防のための入院措置を講じるまでの注意義務）は否定。処方調整義務（減薬を中止して元の処方に戻すか，別の抗精神病薬を投与すべき注意義務）は肯定。ただし，義務違反と自死との因果関係は否定（薬の効果が現れるまで時間がかかるため，仮に処方調整しても自死を防げなかった）。

● 東京高等裁判所——入院措置義務違反および処方調整義務違反を肯定し，これら義務違反と自死との因果関係も肯定。ただし，夫にも監視義務違反や入院措置義務違反が認められ，その責任は医師側よりも大きいので過失相殺8割（損害を8割減額）。

● 最高裁判所——患者が国外にいるため医師は直接診察することができず，メールの内容だけでは自殺を具体的に予見することはできなかった（医師側に責任は認められない）。

【著者のコメント】

　同じ事案であっても，地方裁判所（第1審），高等裁判所（第2審），最高裁判所（最終審）で結論がバラバラでした。このように，自殺防止義務の裁判は，判断がとても難しい分野なのです。

　最高裁判所が示した結論（予見可能性を認めなかったこと）については，「精神疾患を有する患者は，自殺に至る可能性が高い場合があるが，自殺の抽象的危険性の認識をもって悪しき結果が生じた場合に医師に過失を認めるとすれば，医師は委縮して多量の向精神薬を処方しかねないし，自殺の恐れがあるとして強制入院を積極的に行うことになりかねず，患者の人権を侵害する恐れがある」（西山，2020, p.198）など，肯定的な意見が多いです。

　一方で，この医師の治療方針については，「本件のように患者が遠方に転居したなどの事情で来院できず，医師が患者を直接診察できない場合には，治療として成立しないことを患者や家族に伝え，患者自身が受

診可能な医療機関への転院を促すべきと考えます。その理由として，患者を診察せずに治療を行うことは医師法20条の無診療診察に該当し得ること，また，精神科の場合には患者の言動を聴取し，表情などを医師が直接診察して状態を判断し，通院の場合には，精神療法（問診）と投薬治療等が中心となるところ，患者自身が来院しないと，判断に必要な情報を医師が入手することができず，具体的な治療方針を立てることが困難となるためです」（浅田，2019, p. 10）との批判もあります。

③カウンセラーの場合（事例の考察）

以上の精神科事例における裁判例を参考にして，カウンセラーの場合の自殺防止義務を，冒頭の事例で考察します。

A．カウンセラーの自殺防止義務

精神科医と同様に，カウンセラーにも，善管注意義務あるいは安全配慮義務の派生として，クライアントの自殺を防止する義務を観念することができます。ただし，専門職としての力量，受け取る報酬，社会から求められる期待などに照らせば，一般的に，カウンセラーが求められる自殺防止義務は，精神科医が求められる自殺防止義務よりは重くないと言えるでしょう。

そして，自殺防止義務は，予見可能性と結果回避義務の二つの視点で検討されますが，これについて那覇地裁平成29年6月13日判決は，「医師や看護師が，自殺の危険因子を有する患者に対して自殺防止義務を負うのは，自殺の危険が具体的に存在し，当該医師ないし看護師において，自殺の具体的危険を認識することができ，かつ，結果を回避することができる可能性がある場合に限られる」と端的に述べています。

B．予見可能性

精神科医であっても予見可能性は抽象的なものでは足りず，具体的・緊迫的でなければならないのですから，カウンセラーの場合も同様もしくは，さらに具体的・緊迫的でなければならない（簡単には予見可能性は認められない）と考えるべきでしょう。そのように解釈しないと，カウンセラーは委縮

してしまってカウンセリングを提供できなくなってしまいます*53。

　たとえば，クライアントが「死んでしまいたい」と一言つぶやいて，希死念慮が認められるとしても，それだけで直ちに予見可能性が認められるわけではありません。クライアントが具体的に自殺未遂行為を繰り返していたり，ビルの屋上に立っているなど危険で緊迫した状況にあるのであれば，予見可能性が認められると考えられます。

　裁判例でも，希死念慮（死を願う気持ちはあるが，自殺までは考えていない場合）と，自殺念慮（自殺という能動的な行為で人生を終わらせようと考えている場合）を区別し，自殺念慮のなかでもさらに具体的な危険性が認められるか否かを検討しています（那覇地裁平成29年6月13日判決）。

　以上をもとに事例を検討すると，「今すぐ死にたい」「今，駅のホームにいます」「何度も死のうと思ったけど，今日こそ実行します」と，具体的で緊迫したメッセージが届いているため，予見可能性は認められることになります。

C．結果回避義務

　事例をもとに考えてみると，理論的に考えられる結果回避措置として，以下のものが挙げられます。

- ●直ちに相談者の居場所を突き止めて，精神科へ措置入院させる。
- ●警察に対応を委ねる。
- ●すでに対応している他のチャット相談と並行して本事例（駅のホームにいる相談者）のチャット相談を行い，自殺を思いとどまるよう説得する。

---

*53　精神科で起きた自殺に関する裁判例の予見可能性について，「いわゆる『危惧感』『抽象的予見可能性』のレベルをもって，具体的な医療行為を遂行する精神科医に法的予見義務を負わせるという解釈をとると，精神科医は法的責任を常に恐れて誰一人として精神障害者の治療を試みようと努力する者はいなくなるであろう」（木ノ元，2005, p.66），「単に精神疾患があるというだけで，医療従事者に当該患者についての予見可能性を肯定すると，およそ身体拘束又は強力な鎮静・投薬を結果回避義務として課すことになりかねない」（國宗ら，2019, p.28）と論評されており，これはカウンセリングの場合にも妥当するでしょう。

　問題は，どの程度まで法的義務として課すことが適切か，ということです。ここでの考慮要素として，以下の点が挙げられます。

- ●SNS 相談の性質上，大量のメッセージに同時に対応することは不可能。
- ●医師には，患者の診察を正当な理由なく拒んではならないという応召義務（医師法19条１項）があるが，カウンセラーにはそのような義務はない。
- ●あまり重い義務を課してしまうと，怖くて誰も SNS 相談を主催できなくなってしまい，それは社会の損失にもつながる。

　私見としては，SNS 相談に対して重い結果回避義務を課すことは適切ではなく，主催側が負うのは，「物理的人員的に可能な範囲内で，SNS による対話を通じて自殺を思いとどまるよう説得する義務」にとどめるべきでしょう。

D．チャット内容の妥当性の観点

　また，自殺防止義務の派生として「相手の言葉に丁寧に耳を傾けたり，適切な言葉を選んで相手を刺激しないよう注意する義務」を，観念することができます。ただし，カウンセリングの性質上，どのような言葉を選ぶべきか，一律に善し悪しを決めることはできません。心理療法にもさまざまな種類や流派がありますが，療法の優劣をつけることは困難でしょうし，クライアントの属性や具体的な状況によって，何がベスト・ベターな対応なのか常に変化するでしょう。

　そのため，カウンセラーの言動が適切であったか否かが問題となる場面では，標準レベルのカウンセラーであればおよそ選ばないような対応をした場合（イメージで表現すると「10人中９人は取らないような対応をした場合」），善管注意義務違反となり得ると考えるべきでしょう。この標準レベルの対応については，裁判になった場合，自殺防止に関する標準的な対応マニュアルや書籍・文献などを参照して，「このような対応をすべきであった」「このような対応はすべきでなかった」が議論されることになります。

E．カウンセラーが不適切な対応をしてしまった場合

　仮に，善管注意義務に違反するような不適切な対応をしてしまった場合（10人中9人は取らないような対応をしてしまった場合），直ちに全額の賠償義務を負うわけではありません。参考裁判例（前述の横浜地裁）のように，自殺防止義務違反があったとしても自殺を防げなかった場合であれば，因果関係が否定されることになります。すなわち，たとえクライアントへどのような言葉をかけたとしても，本人の意思が固く自殺を防げなかったならば，カウンセラーの不適切な対応と結果（自殺）との間に，因果関係は認められないことになります。

　ただし，適切に対応していればもしかしたら自殺を防げた場合や，著しく不適切な対応をした場合（前述の横浜地裁判決でのコメント参照）は，慰謝料が認められる可能性があります（認められるとしても，金額は医師の場合と比べて低額になるでしょう）。

　また，仮にカウンセラーの不適切な対応と結果（自殺）との間に因果関係が認められたとしても，損害すべてをカウンセラー側が負うのではなく，過失相殺・素因減額（第3章4（1）②参照）によって，損害は減額されることになるでしょう[*54]。

F．まとめ

　以上まとめると，事例の場合，予見可能性が認められるとしても，SNS相談という特性上，物理的な観点から結果回避義務を負うとは考えられず，カウンセラーの言動も不適切とは言えません。したがって，カウンセラー側

[*54]　ただし，医師の場合について，「統合失調症やうつ病のように希死念慮を特徴的な症状とする精神疾患の患者が，自殺を図ることがあることは，医師の予想すべきことである。そして，社会への適応を治療目的とする現代の精神科医療は，患者の希死念慮の減退もその任務に含むものと言える。その意味で患者の自殺リスクを引き受けた医師等について，その注意義務違反によってリスクが実現したとき，過失相殺（の類推適用）には慎重であるべきではないか」（林，2020, p.8）との見解があります。この議論を踏まえると，自殺対策に取り組んでいるカウンセラーの場合でも，過失相殺することには慎重になるべきとの見解もあり得るでしょう。

は，法的な責任は負わないことになります。

5 よくある疑問への回答

　ここで，SNS相談のカウンセラーの皆さんが抱きそうな素朴な疑問をいくつか取り上げてみます。

①団体（法人）を通じた相談では，誰が責任を負うのでしょうか？

　団体（法人）を通じた相談の場合，クライアントの契約相手は団体（法人）となるので，「契約責任」は団体（法人）が負います。

　一方，カウンセラーは，たとえ直接の契約関係に立たなくても，クライアントに対して「不法行為責任」を負う場合があります。そして，団体（法人）とカウンセラーのどちらに責任追及するか，あるいは両方に責任追及するかについては，クライアントの自由に委ねられます。

②無料のSNS相談であっても，有料の場合と同じく責任を負うのでしょうか？

　有料無料にかかわらず，相談主催側とクライアントとの間で準委任契約が成立し，相談主催側は善管注意義務を負うことになります。

　ただし，慰謝料の金額が問題となる場面では，無料であることが減額する方向に働く可能性はあります（慰謝料はさまざまな考慮要素によって決められますので，無償相談のほうが，善管注意義務違反による慰謝料額は低くなることもあるでしょう）。

③心理職やカウンセラーにはさまざまな資格がありますが，資格によって善管注意義務の内容は異なるのでしょうか？

　善管注意義務は一律に決まるのではなく，「契約当事者の主観的意思のほ

か，当該委任契約の性質，契約をした目的，契約締結に至る経緯その他の取引をとりまく客観的事情をも考慮して定まる……委任が有償か無償か，受任者の属性（専門家，事業者，消費者等），委任者の属性（消費者，事業者），処理すべき事務の種類・内容その他個々の委任契約の趣旨（＝「委任の本旨」）に照らして判断されるべき」（潮見，2021, p. 298）とされています。

　そうすると，一口にカウンセリングにおける善管注意義務といっても，カウンセラーの資格や技量，契約当事者（カウンセラーとクライアント）が何を期待してカウンセリング契約を結んだか，などの事情によって内容が異なってきます。たとえば，公認心理師や臨床心理士と有料で継続的な個別カウンセリング契約を結んだ場合は，より高度な善管注意義務を負うことになるでしょう。一方，短期間で取得できる民間資格のカウンセラーと，無料でお試しのカウンセリング契約を結んだ場合，先の公認心理師や臨床心理士の例と比較すると善管注意義務の程度は低くなるでしょう。

④ SNS 相談で，最初はチャットボットが対応して大まかな相談内容を聴き取って，その後，優先度に応じて人間のカウンセラーが対応する場合，どの段階から善管注意義務を負うことになるのでしょうか？

　SNS 相談では基本的に誰でも相談可能となっていますので，相談の申し込みがあってそれに応答した段階で，カウンセリング契約成立（＝団体側は善管注意義務を負う）となります。

　問題は，「応答した段階」の中身です。団体側からすれば，チャットボットが応答している段階では，カウンセリングが始まっている（＝契約が成立している）という実感は乏しいでしょう。一方，相談者側からしたら，チャットボットだろうが生身の人間だろうが，応答があれば，すでにカウンセリングが始まっている（＝契約が成立している）と受け止めることでしょう。

　このように，双方の認識に隔たりがあるのですが，そのような場合，客観

的（状況的）にみて，契約の本質部分についてやり取りが行われているかが問題となります。SNS相談の場合は，相談者の属性など簡単な内容にとどまらず，主訴の概要や希死念慮の強さについて質疑応答がされているならば，カウンセリングの本質部分についてやり取りが行われているので，契約が成立していると評価されると考えられます。

　ちなみに，チャットボットが対応していることの意味ですが，チャットボットが応答するように設定したのは団体側ですから，たとえスタッフが逐一感知していないとしても，カウンセリングの本質部分についてやり取りが行われていれば，契約は成立することになります。

　これは，ジュースの自動販売機で考えてみると分かります。つまり，自動販売機は無人ですが，お金を入れて商品を買うという売買契約の本質部分についてやり取りが行われているので，無人だから契約が成立していない，と考えるのはおかしいことになります（問題があれば背後にいる自動販売機設置会社が契約責任を負うことになります）。

　以上のような懸念を払拭するため，約款などで「○○の段階に至ってカウンセリング契約成立となります」と明記しておくことも考えられますが，仮にチャットボットの段階では契約は成立していないとしても，「契約締結前の過失」という理論によって，契約前であっても相手に損害を与えてはならない，一般的な注意義務を負うことになります。したがって，あまり契約成立について神経質に議論する実益は乏しいかもしれません。

　むしろ議論すべきは，①チャットボット（あるいはAI）の応答が悪くて相談者を傷つけてしまった場合，②チャットボットで応答した後，なかなか人間の相談員が対応できなかった場合，でしょうか。

　①は，前述（3（2）③D）のとおり，団体側は「相手の言葉に丁寧に耳を傾けたり，適切な言葉を選んで相手を刺激しないよう注意する義務」を負っていますので，設計した団体側が責任を負うことになります。チャットボットでは相談者を傷つけることまでは考えにくいですが，将来的にAIが稼働するようになれば，相談者を傷つけてしまうこともあり得るでしょう。

　②は，団体側は「物理的人員的に可能な範囲内で」対応する義務を負っていますので，一度に大量の相談が押し寄せた場合は，結果としてすべての相談に対応できなくてもやむを得ない（責任を負わない）ことになります。

　ただし，「原則〇〇分以内に応答します」などと謳っているけれども，実際の運用がかけ離れているのに漫然と放置している場合，相談者の期待を裏切っているという点で問題が生じます。法的に違法とまで評価されるか微妙ですが（仮に慰謝料が発生するとしても高額ではないでしょう）*55，少なくとも社会的な批判は免れないでしょう。

⑤ハラスメントを受けたので裁判で訴えたけれども負けてしまった場合，「ハラスメントは無かった」と，裁判所が認定したことになるのでしょうか？

　民事裁判では，「ある事実があったのか無かったのか」を客観的に検証するのではなく，「訴えた側が証明に成功したかどうか」が問われます。この「証明に成功した」とは，相手の言い分より信憑性がわずかでも上回っている状態（たとえば「51：49」）では，足りないのです。法律的には，「高度の蓋然性」「通常人が疑いを差し挟まない程度に真実らしいとの確信を得ること」などと表現されており，数値化されているわけではありませんが，あえていえば，「80：20」「90：10」くらいで相手を圧倒しなければなりません。そうすると，「60：40」「70：30」くらいで惜しいところまでいっても，裁判では「証明に成功しなかった＝敗訴」となってしまうのです。

　したがって，「ハラスメント裁判で負けた」といってもその内容はさまざまで，なかには「0：100で箸にも棒にも掛からかった」とのケースもあれ

---

*55　NPO法人のSNS相談であっても，景品表示法5条1号の優良誤認（一般消費者に対して，実際のものやライバル企業のものよりも著しく優良であると示す広告）の禁止規定が適用されます。優良誤認表示の疑いがある場合，消費者庁は，表示の裏付けとなる合理的なデータの提出を求めることができ，15日以内に合理的な資料を提示できないと優良誤認表示とみなされ（景品表示法7条2項），措置命令を受けたり，課徴金を課されることがあります（景品表示法7条1項，8条1項）。

ば，「70：30で惜しくも負けたが，だからといってハラスメントの存在が明確に否定されたわけではない（むしろ限りなく黒に近いグレー）」とのケースもあるのです。

しかし，世間のイメージとしては，「裁判に負けた＝ハラスメントの存在が否定された＝言いがかり裁判を起こした」となることは否定できません。そのため，裁判を起こすときには，負けたときのダメージも慎重に検討する必要があります。

6　カウンセラーの法的責任のまとめ

カウンセラーの法的責任は，結果責任ではなくプロセス責任ですので，研鑽を積んで誠心誠意相談に向き合っている限り，結果として不幸な事態が起きたとしても，カウンセラーが法的責任を負うわけではありません。

また，裁判例から分かるように，高度な注意義務を負う医師であっても，自殺の予見可能性や賠償責任は簡単に認められないため，カウンセラーの場合も責任を負うことは考えにくいです。

このようにコメントすると，カウンセラーの皆さんにとっては安心となる一方，世間からすれば，まるで責任逃れを助長しているように受け止められるかもしれません。しかし，それは私の本意ではなく，一歩進んで，「たとえ法的責任は負わないとしても，結果として生じた自殺という事態に対しては，自分の価値観や倫理観に照らしてどのように向き合っていくか」を，考えるきっかけにしていただきたいです。

COLUMN 3-1
不平不満クレームが生じやすい SNS 相談

　SNS 相談は，対面や電話と比べ，不平不満やクレームが生じやすいと考えられます。理由は大きく 2 点あると考えています。一つはデジタルテキスト（文字）主体であるための総情報量の少なさ，もう一つは自己検閲の低さです。

①デジタルテキストコミュニケーションの難しさ

　通常，SNS 相談では，さまざまなスマートフォンやデバイスの種類を問わず広く対応可能であるように，テキスト文字を主として使用していることが多いです。つまり，文字サイズ・書体・色を変えるなどの文字装飾はせず，顔文字・絵文字・スタンプなどもほぼ使いません。

　このような SNS 相談は，表 3-2 の分類のように，言語情報・非言語情報で考えると，文字による言語情報以外の情報がほぼありません。また，対面や電話と比べるとコミュニケーションスピードが遅く，このため時間あたりの総情報量も格段に少なくなります。フッキンクとハーマンの研究（2009）では，チャット相談は電話相談の約2.5倍の時間を要しています（杉原・富田，2019，p.16）。総情報量の少なさゆえ，特に微妙なニュアンスの伝達においては，すれ違いやズレが生じやすくなります。

　さらに，情報量が少ない SNS ゆえに，このズレにも気づきにくいため，小さなズレが積み重なり大きなズレになってしまうことがあり，これが不平不満やクレームの一因にもなります。

　これが対面であると，表情・しぐさ・声色などの非言語情報等もあり，迅速かつ豊富な情報伝達によるコミュニケーションが可能です。対面では相対的にズレは生じにくく，また生じたとしてもズレに早めに気

づきやすく，結果としてズレが一大事とまでなることは少ないでしょう。

②自己検閲の低さ

　スウェーデンの精神科医アンデシュ・ハンセン（2020）は，SNS の特徴として「手薄になる自己検閲」を指摘しています。対面で話すにはプライベートに踏み込み過ぎると思うようなことまで，ネット上ではいとも簡単に話してしまう，と。逆に対面では，「誰かが目の前にいると，私たちは自分の行動を制限できる。相手の表情や身振りが目に入るからだ」と言っています。

　対面では，相手を見て「ここでこんなこと言ったら失礼だし，怒るだろうな…。これ以上言うのはやめておこう」などとして，自己検閲しています。しかし，SNS 上では，相手からの非言語情報等によるリアクションが見えないため，自己検閲は機能しにくい，という指摘です。

　こうして，対面では機能する自己検閲がネット上では機能しにくいため，対面では検閲されるようなことまでもネット上では声として出しやすくなります。このことは，SNS 相談においては，メリット・デメリットの双方で生じます。

表 3-2　対面，電話，メール，チャット（SNS 相談）の違い

			言語情報 音声	言語情報 文字	非言語情報 視覚	非言語情報 聴覚	非言語情報 嗅覚	時間同期性	コミュニケーションスピード
対面		対面	○	△	○	○	○	○	速い
非対面		電話	○	×	×	○	×	○	速い
	ネット	メール	×	○	×	×	×	×	―
		チャット	×	○	×	×	×	○（×も）	遅い

　メリットとしては，対面では言いにくいこと，言えないこと，恥ずか
しいことなども相談において告白しやすいため，心の奥底のことを相談
しやすい特徴があります。他方，デメリットとしては，不平不満やク
レーム，さらには相談員への攻撃の声が，対面以上に多く見られるとい
うことになります。

COLUMN 3-2

遺族に対する損害賠償請求

　家族が自殺した場合，残された遺族は大きな精神的ショックを受けているなかで，遺族に対して損害賠償請求がされることがあります（遺族にとっては二重の苦しみです）。

　典型例は，アパートで自殺した場合の家主から遺族に対する損害賠償請求，線路で自殺した場合の鉄道運行会社から遺族に対する損害賠償請求です。

　法理論的には，自殺した本人が他人に損害を与えた場合，その損害賠償義務を遺族（相続人）が引き継ぐことになり，連帯保証人がいる場合は，その人も損害賠償義務を負うことになりますので，賠償請求されること自体を否定することはできません。ただし，請求するかどうかは相手次第ですので，遺族の心情を慮（おもんぱか）ってあえて請求しないことや，請求金額を控えめにすることもあるでしょう。

　このコラムでは，もし請求された場合，どの程度の金額になるのか（どの程度の損害賠償義務を負うのか）を説明します。

①アパートで自殺した場合

　一般論として，借主は借りている部屋を元の状態で返す義務があり（原状回復義務），これは自殺してしまった場合でも例外ではありません。その場合の損害について，裁判例（東京地裁平成27年9月28日判決）は次のように述べています。

　「賃貸借の目的物である建物の内部において賃借人が自殺をした場合，通常人であれば，当該建物の使用につき心理的な嫌悪感が生じるものであることは明らかであり，かかる事情が知られれば，当該建物につき賃借人となる者が一定期間現れなかったり，適正賃料よりも相当低額

でなければ賃貸できなくなることになるものといえるから，当該賃借人が当該建物内において自殺することは，当該目的物の価値を毀損する行為に当たることは明らかであり，賃借人の善管注意義務に違反する」。

　そしてこの裁判例では，原状回復費用 8 万円のほかに，当初の 1 年間は賃貸不能期間，その後 2 年間は賃料の半額でなければ賃貸できない期間と評価して，約158万円の賠償を命じました。

　他の裁判例（東京地裁平成26年 3 月18日判決，同平成26年 8 月 5 日判決）でも， 1 年間の賃料全額損害， 2 年間の賃料半額損害を認めています（たとえば家賃 7 万円であれば168万円となります）。原状回復費用は，床や壁の損傷の程度によりますが，全面張替えが必要となれば数十万円となるでしょう。

　一方，アパートではなく商業ビルであれば，家賃は高額であることから，賠償額も高額になります。東京地裁平成27年11月26日判決は，商業ビルの賃借物件から路上に飛び降り自殺をした事案について，約580万円の損害賠償を認めました。

②線路での事故

　自殺の事案ではありませんが，在宅で介護生活を送っていた認知症の人が，線路内に立ち入って電車に轢かれて死亡した事故について，裁判例（名古屋地裁平成25年 8 月 9 日判決）は家族に対して，約719万円（電車の遅延，振替輸送費用など）の賠償を認めました。ちなみに，この事案は最高裁まで争われ，最高裁平成28年 3 月 1 日判決は，家族には監督義務違反は認められなかったとして，賠償責任を否定しました。

　鉄道事故では，事故の程度や起きた場所によって，賠償額が変わります。たとえば，千葉県内で起きた自動車と鉄道の衝突事故の裁判例（千葉地裁平成10年10月26日判決）では，廃車損害（ 1 両）約3,408万円，車両修繕費（ 3 両）約3,779万円，線路修繕費約1,082万円，人件費約

1,657万円，代行輸送費約273万円など，計 1 億347万円の賠償が認められました。

　このように，自殺によって建物や鉄道などに損害が生じた場合，遺族は多額の損害賠償請求を受けることがあります。支払うことが難しければ，「相続放棄」という手続きをとれば，支払い義務を免れます。また，連帯保証義務や監督義務違反を問われた場合は，相続放棄では支払い義務を免れることはできず，自己破産を検討することになります。

COLUMN 3-3
境界性パーソナリティ障害の裁判例

境界性パーソナリティ障害の方は，自殺の危険が高いと指摘されています（高橋，2022, p.122）。本人と支援者の間に恋愛感情が交錯すると，事態は複雑化することがあり，実際に裁判となった事例もあります。

東京地裁平成18年 8 月30日判決

【事案の概要】

- Ｚさん（20代，女性）。うつ病，境界性パーソナリティ障害の疑いと診断。
- 入院治療中，Ｚさんは主治医（Ａ医師）を極度に頼る姿勢，恋愛感情も吐露。
- 退院してＡ医師による通院治療に切り替わり，Ａ医師から「個人的な関係になることはない」と告げられた翌日，大量服薬。
- Ａ医師による治療は中止となり，別の病院で治療を受けるが，11カ月後に再び大量服薬。
- 3 年後，Ｚさんは大阪で婚約者と同居を開始したが，Ｚさんの強い希望でＡ医師と短時間面談，電話やメールで連絡を取るようになった（Ａ医師は，そのときのＢ主治医に状況を逐一報告）。
- 4 カ月後，注射器を頸動脈に刺す自傷行為のため，Ａ医師は「私は当分あなたに近づかないほうがよいと思います」とメールし，翌日電話で話した後，首つり自殺。

【争点と裁判例の判断】

①A医師の診療行為は全体として適切であったか否か

　面接の日時が不規則であったり，ときには頻回で長時間に及んだとしても，A医師は一貫して，患者に対して，個人的な関係に入ることがないことを伝えようとしていたので，全体として診療行為が不適切であったとは言えない。

②自殺直前の対応は適切であったか否か

　A医師が，医師と患者との関係を離れて定期的に面談をすることはできないと答えた対応は，社会的あるいは医学的にみて不適切であったと認めることはできない。また，本件では，B主治医や家族と共に叡智を集めて自殺回避措置を検討すべきであり，A医師はB主治医に連絡をとリ，B主治医も患者と連絡をとっているから，A医師は自殺回避に向けて相応の措置をとっていた。

【著者のコメント】

　おそらくA医師は，Zさんの苦しみを少しでも和らげようと，ギリギリの心境でZさんに接していたと思いますが，結果として不幸な事態が起きてしまいました。裁判という方法が，この事態を解決するのに，はたしてふさわしかったのか，法律家として考えさせられます（かといって，裁判以外に妙案があるのかと問われても即答できません）。

　訴えた側（遺族）は請求が認められなかったため，苦悩が消化できないままでしょうし，訴えられた側（A医師）も，たとえ裁判で勝ったとしても，決して気持ちは晴れないでしょう。

第**4**章

自殺対策 SNS 相談の現場

1 自殺対策 SNS 相談

　2018年3月にスタートした厚労省の自殺対策の SNS 相談（第1章2参照）は，2024年現在[*1]，「自殺対策支援センターライフリンク」「東京メンタルヘルス・スクエア」「あなたのいばしょ」「BOND プロジェクト」「チャイルドライン」の，五つの特定非営利活動法人が実施しています。

　本章では，このなかより，筆者が関わっている東京メンタルヘルス・スクエア（以下，TMS）の SNS 相談「こころのほっとチャット」を取り上げて，現場における SNS 相談の取り組みの実際をお伝えします。TMS は，傾聴や対話をメインとしたこころの相談を実施している団体であり，SNS 相談においてもその特色は如実に現れています。なお，これが SNS 相談のスタンダードということではなく，実践方法の一つのモデルとしてご紹介します。本節では，まず概要をお伝えします。

（1）相談の基本と目指すところ ─────────

　「こころのほっとチャット」での SNS 相談対応は，傾聴と対話を基本としています。一期一会でしっかりと寄り添って話を聴くことにより，信頼関係をつくり，心理的なサポートを行っています。話に耳を傾けながら情報収集とアセスメントを行い，一人ひとりの相談者に合わせた対応をしていきま

＊1　厚生労働省ホームページ「SNS 相談（まもろうよこころ）」（https://www.mhlw.go.jp/mamorouyokokoro/soudan/sns/）。

す。そして，結果として相談者の心が軽くなってきたり，整理されたり，気づきがあったり，元気になってきたりするなど，心に何かしらのよい影響が現れることを目指しています。このように，一人ひとりの心に力をつけていくことが，地道な方法ではありますが，一人ひとりの自殺防止に着実につなげることができると考えています。

　相談対応は，厚生労働省（2019）の自殺対策 SNS 相談のガイドラインを基本として行っています。ガイドラインについては，第1章2（5）や第2章3をご参照ください。

（2）SNS 相談の限界と，他の支援へのつなぎや注意点 ───

　「こころのほっとチャット」といった，SNS 相談における1回の相談のなかで行えることは限られています。そのため，今，この1回の相談のなかで何ができるか，何を優先すべきかを常に考えつつ，対応していく必要があります。傾聴と対話が基本ですが，今この相談のなかで，心理教育など心理の専門家からのアドバイスが必須であれば，それも行います。また，SNS 相談だけではなく，身近な支援者や他の専門機関での相談支援等が必要であれば，情報提供を行うなどして，必要な支援につながれるようにサポートします。

　ただし，気をつけなければならないのは，他の支援につなぐといっても，対面や電話での相談が難しいからこそ，SNS 相談にたどり着いたという相談者の気持ちへの配慮です。他の支援が必要であると思われるにもかかわらず，他の支援につながることを希望しない方もいれば，拒否する方も決して少なくありません。このような方々に対しては，SNS 相談による支援は，細くとも大変に重要な支援の糸となります。そういった場合は，今は SNS で相談を続けていくことが最善の支援と考えて継続していき，さらにその先にある必要な他の支援にもたどり着けることを目指していきます。

（3）自殺対策 SNS 相談の枠組み ─────────

　相談者に説明が必要な点は，利用規約として相談利用者にあらかじめ提示します（表4-1）。この利用規約を基礎とし，自殺対策のための SNS 相談を効果的に実施するための必要なルールを設けています。カウンセラーには対応ルールなどをマニュアルにまとめ，対応で統一すべき点は揃えています。

　しかしながら，こころの相談においては，ひとつとして同じケースはないため，カウンセラーには基本を踏まえたうえで，さらにそれぞれのケースに応じて，その都度ベストな対応をしていくことが求められます。

①無料，1回50分，1日1回まで，相談未対応者フォロー

　この相談は厚労省の補助事業であり，相談者は無料で SNS 相談を利用できます。相談時間は1回50分を目安とし，相談回数は1日1回までとしています。しかしながら，相談アクセスが多い場合には，相談希望に添えないことがあります。相談が混みあっている際には，専用の相談システムに設定した自動応答メッセージにて，混雑していることをお伝えするなどの説明をしています。

　また，結果的に当日中に対応できなかった方には，翌日午前中に，カウンセラーが1件1件丁寧に，相談がつながりにくいことのお詫びとともに相談のご案内を行うなどして，相談未対応者へのフォローを行っています。

②予約不要，待機カウンセラーが相談対応，一期一会だが履歴参照可

　相談予約は不要であり，相談時間内に好きな時間帯にアクセスして相談の申し込み[*2]ができます。カウンセラーは担当制ではなく，そのときに待機

[*2]　相談申込みは，LINE での相談の場合，リッチメニューに「相談を開始する」ボタンを設置し，そのボタンを押すことで申込みとしています。

表4-1　こころのほっとチャット利用規約（抜粋）（2023年末現在）

◎　「こころのほっとチャット」について

　「こころのほっとチャット」は，カウンセラーがあなたの悩みをしっかり聞きながら，あなたにとってどうすることがいちばんよいのか，あなたと一緒に考える相談サービスです。

　「こころのほっとチャット」は誰でも無料，匿名，予約不要で相談できます。

　カウンセラーはあなたの相談の秘密を守ります。相談内容や個人情報を，あなたの同意なく第三者に公開することはありません。ただし，自殺・自傷・虐待・DV・犯罪などによって身体や生命に危険が及ぶおそれがあり緊急性が高いと判断される場合は人命保護や法令遵守を優先し，警察，関係機関などに連絡して相談内容を含む個人情報を共有することがあります。

　相談内容は，個人が特定できないように情報を加工したうえで研究や調査のために活用する場合があります。

◎　相談時間

　毎日　12：00-15：50（受付は15：00まで）

　毎日　17：00-20：50（受付は20：00まで）

　毎日　21：00-23：50（受付は23：00まで）

　毎週月曜日　04：00-06：50（受付は06：00まで）

　相談は1回50分，1日1回までご利用いただけます。

　上記のほか，毎月最終の土曜から翌日曜にかけては深夜相談を実施しています。

　毎月最終の土曜　12：00-翌日曜　06：00

◎　ご利用上の注意

・カウンセラーは医師ではないため，精神疾患の診断や治療を含む医療行為は行なっていません。また，自殺や自傷行為，犯罪や反社会的行為の助長につながるようなアドバイスも行なっていません。

・心療内科や精神科にて治療中の方は，「こころのほっとチャット」の利用の可否について，あらかじめ主治医にご相談ください。

・多くの相談が集中した場合，すべての相談に対応しきれず，かなりお待たせしたり，その日の相談時間内に対応できなかったりすることもあります。

・相談は1回あたり50分を目安とします。ただし，相談中，あなたの応答が5分以上途切れた場合には，やむを得ず相談を終了させていただくことがあります。また，システム上の問題，その他のトラブルなどが生じた場合には，予告なく相談を中断することがあります。

・2回目以降の相談で，前回の続きを相談したい場合には，カウンセラーが過去の相談内容を確認したうえで対応することもできますので，「前回の続きを相談したい」旨をカウンセラーにお伝えください。※Webチャットでは履歴の確認はできません。

・「こころのほっとチャット」では，あなたが書き込むとすぐ「既読」がつきますが，これはシステム上，カウンセラーが読んだかどうかにかかわらず自動的に表示されるものです。

・相談画面のスクリーンショット，その他，カウンセラーとのやりとりが分かるものは，どのような形においても公開しないでください。

しているカウンセラーが相談を受けます。一期一会の相談を基本としていますが，継続して相談に来られる方もおり，希望に応じて相談中に，それまでの相談履歴を確認しながらの相談もしています。

③対応の順番，優先対応，つなぎ支援

　相談対応の順番については，相談時間内に申し込まれた順番に対応しています。ただし，緊急対応を要する場合や，自死リスクが高いと思われるケースについては，ウォッチケースとして別リストを作成して管理し，優先対応できるようにしています。

　また，自殺対策のSNS相談においては重要な点として，SNS相談からリアルな支援につなぐ「つなぎ支援」もあります（つなぎ支援については，本章3「緊急対応とつなぎ支援」をご参照ください）。

④匿名制と呼び名

　相談者は匿名ですが，カウンセラーも匿名です。相談中に相談者に呼びかけをする際，「あなた」と一般二人称を使用することはせず，相談開始時にお聞きした「呼び名」で呼びかけています。自殺のリスクを高める要因として孤独孤立がありますが，相談者に自分はひとりではないと，少しでもつながりを実感してもらいたいという意図で，相談者に「呼び名」で呼びかけて寄り添うようにしています。

⑤カウンセラーの資格と研修

　すべてのカウンセラーは，公認心理師・臨床心理士・産業カウンセラー等，心理カウンセリングに関する公的な資格を保持した専門職者です。そのうえで，カウンセラーは厚生労働省（2019）のガイドラインや，全国SNSカウンセリング協議会が定めた研修を受けています。また，毎月研修会（講座，グループスーパービジョン〈GSV〉，事例検討会等）を実施し，レベルアップの機会を設けています。

⑥相談対応チームとテレワーク，スーパーバイザーの役割

　スーパーバイザー（以下，SV）1人と，カウンセラー最大6名とで1グループとし，チームで相談対応にあたっています。チーム体制はガイドラインにもあるように，自殺企図などの緊急対応に備えるためでもあります。

　2020年のコロナパンデミック以降は，主にテレワークでの相談としていますが，テレワークでも相談に支障が出ないよう，グループ内のSVとカウンセラーはZoomで常時接続し，また専用チャットでの連絡もとれるようにし，常に連携をとりながら進めています（テレワークSNS相談の詳細は，本章2（2）をご参照ください）。

　SVの役割としては，グループのカウンセラーの相談対応へのアドバイスやサポートを主とし，必要に応じて相談の割り振りも行うなどしています。また，緊急対応やつなぎ支援を要するケースのマネジメントもしています。このように，SNS相談のSVの役割は，一般に心理臨床の世界でいうところのSV（1対1の面談による個別指導）とはやや異なります。

2　SNS相談のセキュリティとテレワーク

（1）セキュリティリスクに正しく対処するための3ステップ―

　インターネットは世界中につながる公共の通信網です。場所に関係なく，世界中の誰とでもつながることができる一方，悪意ある第三者とつながってしまうリスクもあります。

　インターネットを介して行うSNS相談において，最も懸念されるリスクの一つが，個人情報の流出です。クライエントに安心して相談してもらうには，個人情報流出のリスクを無視するわけにはいきませんが，リスクを恐れてばかりいると，インターネットの向こうにいる相談者とつながる機会を逃してしまいます。

本節では，SNS 相談におけるセキュリティリスクを正しく理解し，正しく対処するための 3 ステップをご紹介します。

①基本対策を行う

インターネット上のセキュリティ対策には，インターネットに接続するすべての人が行うべき基本対策と，インターネットの利用目的に応じて実施する個別対策があります。SNS 相談を始める前に，まず基本対策を行いましょう。

基本対策は，インターネット上のさまざまなトラブルから身を守るために役立ちます。「アンチウイルスソフトを導入する」「最新版のアプリを使う」などの物理的な対策を行い，「ID とパスワードを適切に管理する」「2 要素認証を設定する」「不審な URL をクリックしない」「個人情報を書き込まない」などの行動指針を身につけることで対策できます。

基本対策の詳細は，内閣サイバーセキュリティセンターの『インターネットの安全・安心ハンドブック』[*3]で紹介されています。この冊子では，最近多発しているトラブルの事例と，それらのトラブルに巻き込まれないためのポイントも紹介しています。

②個別対策を行う

次に，SNS 相談で必要な個別対策を検討します。TMS では，IPA（独立行政法人情報処理推進機構）が公開しているリスク分析シートを使い，SNS 相談で扱う個人情報を整理し，対策を実施しました。

A．個人情報の整理

SNS 相談で扱う個人情報は，アカウントアイコン，表示名，メッセージ本文に含まれる可能性があります（表 4-2，No. 1, 2）。実際の個人情報だけでなく，カウンセラーが相談システムにアクセスする環境や，ログイン情

＊3　https://security-portal.nisc.go.jp/guidance/handbook.html

報も重要です。相談システムへ不正にアクセスできると，No. 1, 2 の情報を閲覧できてしまうからです（表4-2，No. 3, 4）。

B．リスク値の算出

脅威の状況シート（表4-3），対策状況チェックシート（表4-4）に入力すると，表4-2のリスク値が決まります。SNS相談実施前は多くの対策が未実施だったため，リスク値は「中」となってしまいました。

C．不足している対策の実施

情報の重要度を変えることはできませんが，対策状況を変えることはできます。各カウンセラーの判断に委ねていたIT機器利用ルールを明文化し，オフィス入退室の管理を強化しました。表4-4で「実施していない」と回答していた項目を実施した結果，表4-2のリスク値を「リスク小」とすることができました。

③対策を維持する

セキュリティ対策は1回実施するだけではなく，維持することで効果を発揮します。しかし，忙しい日々のなかでは，対策が形骸化してしまうことがあります。

TMSでは，ぜひとも対策を維持したい9項目を厳選し，実施状況チェックリストを作成しました。初任時の研修で対策の必要性を説明するだけでなく，SNS相談シフトの応募とチェックリスト自己点検結果の入力をセットにしています。対策の負荷を最小限にし，定期的に対策状況を見直す機会を

表4-2　情報資産管理台帳

No	情報資産名称	備考	利用者範囲	媒体・保存先	個人情報の種類			評価値			重要度	現状から想定されるリスク（入力不要・自動表示）					リスク値
					個人情報	要配慮個人情報	特定個人情報	機密性	完全性	可用性		脅威の発生頻度 ※「脅威の状況」シートに入力すると表示		対策状況 ※「対策状況チェック」シートに入力すると表示		被害発生可能性	
1	CLのSNSアカウント情報	SNSアカウント名、アイコン	CO全員	社外サーバー	有			2	2	1	2	1:通常の状況で脅威が発生することはない		3:対策を実施していない		可能性:低	2 リスク中
2	相談内容	メッセージ内に個人が特定できる情報が入る場合	CO全員	社外サーバー	有			2	2	1	2	1:通常の状況で脅威が発生することはない		3:対策を実施していない		可能性:低	2 リスク中
3	相談システムログイン情報	ID/パスワードを知られると(1)(2)が露洩する	CO本人	モバイル機器				1	1	1	1	3:通常の状況で脅威が発生する（いつ発生してもおかしくない）		3:対策を実施していない		可能性:高	3 リスク中
4	PC/スマホ	個人所有のPCやスマホから故意/ウイルス等により(1)(2)が露洩する	CO本人	モバイル機器				1	1	0	1	3:通常の状況で脅威が発生する（いつ発生してもおかしくない）		3:対策を実施していない		可能性:高	3 リスク中

表4-3　脅威の状況シート

媒体・保存先	想定される脅威 （考えられる典型的な脅威）	対策を講じない場合の脅威の発生頻度 （1〜3から選択）	対策状況 （対策状況チェックシートに入力すると自動で表示）
モバイル機器	情報窃取目的でのモバイル機器へのサイバー攻撃	3:通常の状況で脅威が発生する（いつ発生しても）	3:対策を実施していない
	情報窃取目的の不正アプリをモバイル機器にインストール	3:通常の状況で脅威が発生する（いつ発生しても）	3:対策を実施していない
	秘密情報が格納されたモバイル機器の紛失・盗難	3:通常の状況で脅威が発生する（いつ発生しても）	3:対策を実施していない
社外サーバー	安易なパスワードの応用によるアカウントの乗っ取り	1:通常の状況で脅威が発生することはない	3:対策を実施していない
	バックアップを怠ることによる業務に必要な情報の喪失	1:通常の状況で脅威が発生することはない	3:対策を実施していない

表4-4　対策状況チェックシート

5 物理的対策	最終退出者は事務所を施錠し退出の記録（日時、退出者）を残すなどのように、事務所の施錠を管理していますか？	2:一部実施している
	重要な情報やIT機器のあるオフィス、部屋及び施設には、許可された者以外は立ち入りできないように管理していますか？	2:一部実施している
	秘密情報を保管および扱う場所への個人所有のパソコン・記録媒体などの持込み・利用を禁止していますか？	3:実施していない/わからない
6 IT機器利用	セキュリティ更新を自動的に行うなどにより、常にソフトウェアを安全な状態にすることを定めていますか？	3:実施していない/わからない
	ウイルス対策ソフトウェアが提供されている製品については、用途に応じて導入し、定義ファイルを常に最新の状態にすることを定めていますか？	3:実施していない/わからない
	業務で利用するIT機器に設定するパスワードに関するルール（他人に推測されにくいものを選ぶ、機器やサービスごとに使い分ける、他人にわからないように管理する、など）を定めてい	3:実施していない/わからない
	業務で利用する機器や書類が誰かに勝手に見たり使ったりされないようにルール（離席時にパスワード付きのスクリーンセーバーが動作する、施錠できる場所に保管する、など）を定めて	3:実施していない/わからない
	業務で利用するIT機器の設定について、不要な機能は無効にする、セキュリティを高める機能を有効にするなどの見直しを行うことを定めていますか？	3:実施していない/わからない
	社外でIT機器を使って業務を行う場合のルールを定めていますか？	3:実施していない/わからない
	個人で所有する機器の業務利用について、禁止するか、利用上のルールを定めていますか？	3:実施していない/わからない

作ることで，対策の維持を目指しています。

　セキュリティ対策スキルは，クライエントだけでなく，カウンセラー自身をトラブルから守るためにも役立ちます。一人ひとりがセキュリティ対策スキルを身につけて，安心安全な相談環境を作っていきましょう。

（2）コロナ禍以降のテレワーク SNS 相談 ──────

　テレワークで自殺対策の SNS 相談を実施するためには，さまざまな事前準備が必要です。表4-5に挙げたマニュアルや書類は，テレワーク実施にあたり，TMS と東京メンタルヘルス株式会社が共同で定めました。

　表4-5の2.の「テレワークに関する指針」では，テレワーク SNS 相談

表4-5　TMS におけるテレワーク SNS 相談実施のためのマニュアルや書類

マニュアル，書類	主な内容（項目）
1．テレワークの簡易マニュアル	テレワークで準備するもの／テレワーク SNS 相談を行う環境／手順／不明なことが発生した場合の対応
2．テレワークに関する指針	テレワークの目的／テレワーク環境で維持するべき事項／ SNS カウンセラーとして活動するための必要要件／テレワーク実施のための必要要件／カウンセラー報酬と通信費／テレワーク時の遵守事項
3．テレワーク時のセキュリティ確保マニュアル	人為的なセキュリティの確保／物理的なセキュリティの確保／ネットワークのセキュリティ／機器のセキュリティとトラブル対策
4．「テレワーク時の安全管理誓約書」	自宅 PC を使用する際の安全管理についての誓約書
5．「安全チェックシート」（表4-7参照）	ウィルス対策ソフト／ PC のパスワード管理／スクリーンセーバー／ Wi-Fi のセキュリティレベル／サポート期間内の OS 使用／守秘のある業務環境／情報漏洩防止／記録について／使用機器トラブル時の対応
6．テレワークに関する FAQ	ネットワーク環境／情報機器の操作や設定／運用に関すること
7．ZOOM の手引き	はじめての方でもわかるように ZOOM の使い方を記載

を行うカウンセラーの要件も定めています。その主な要件は，表4-6のとおりです。どんなに優秀なカウンセラーであっても，テレワーク SNS 相談が，すぐにできるというわけではありません。相談者にとってもカウンセラーにとっても，安全かつ安心にテレワーク SNS 相談ができるように，その要件を定めています。テレワーク SNS 相談を安全に実施するためのチェック項目は，表4-7のとおりです。

　テレワーク SNS 相談を安全に実施するためには，上記のような取り決めが必要です。それではいくつかポイントを挙げ，さらに説明していきます。

①テレワーク SNS 相談を行う環境（部屋）について

　答えはシンプルですが，対面相談を行う相談室と同様に，秘密が守られる

表 4-6　TMS においてテレワーク SNS 相談を行うカウンセラーの主な要件

- 全国 SNS カウンセリング協議会が規定した「SNS カウンセラー能力要件」に沿った研修修了
- SNS 相談初任者研修修了
- テレワークセキュリティセミナー受講し，セキュリティ確認テストを全問正解するまで実施
- 「テレワーク時の安全誓約書」提出
- 「安全チェックシート」確認・提出

表 4-7　TMS のテレワーク SNS 相談「安全チェックシート」のチェック項目

- ウィルス対策ソフトを導入し，パッチの更新を随時できる状態にしているか。
- PC 立ち上げのパスワードが英数混合 8 文字以上または生体認証になっており，業務で定められた期間中はカウンセラー以外使用できない状態になっているか。
- スクリーンセーバーを 5 分以内に設定し，スクリーンセーバー起動後にはパスワード入力が要求される設定にしているか。
- フリー Wi-Fi を使用せず，Wi-Fi のセキュリティレベルは WPA 2 以上となっているか（WPA などは不可）。
- Windows，MacOS，iOS のうちメーカーサポート期間内の OS を使用しているか。
- 第三者に会話内容を聞かれない，機器画面を見られない状態で相談業務ができる環境になっているか。
- 家族，知人にカウンセリングの内容は一切話さないことを遵守できるか。
- カウンセリングに関する情報を電子媒体，写真，メモで保存しない規約を遵守できるか。
- 使用機器のトラブル時に相談が続けられる体制が取れているか。

環境にてテレワーク SNS 相談を行うことが必須です。SNS 相談画面を人に見られないことはもちろん，カウンセラーがオンラインで SV と話すなど，連絡をしている声もほかに漏れないようにしなければなりません。また，相談記録や報告は，すべて専用システム内で行います。

②インターネット・PC環境

　表4-7のチェック項目をすべて滞りなく揃えておかなければ，テレワークSNS相談はできません。ときに，こころの相談にのるカウンセラーは，PCやデジタル機器は得意ではないといった方もいますので，そういった方はまずは自身に必要な点を自ら習得しなければなりませんが，さらには組織としての教育やサポート体制も必須です。

③ZOOMなど，テレワークSNS相談中の連絡方法

　自殺対策のSNS相談では，緊急対応に限らず難しい対応も多くあるため，カウンセラーとSVは，相談勤務中にZOOMで常時接続しています。必要な際に即時，SVとカウンセラーとで連携をとることができます。ZOOMは常にビデオONとし，顔をフルフェイスで映しています。カウンセラーの表情を見ると，難しい対応をしているかどうかなど，言葉以上に伝わってくるものがあり，SVからのサポートもしやすくなります。

　また，テレワーク環境に問題がないかどうかを確認するための，ZOOM常時接続でもあります。このため，ビデオの背景もボカシも無しです。音声（マイク）は，SVやカウンセラーと話すとき以外はミュートとし，不要な生活音やノイズが漏れて他のカウンセラーの業務の支障とならないようにします。

　相談勤務中の連絡は，ZOOM以外にも，専用チャットでのテキストコミュニケーションも使っています。また，緊急対応時などには携帯電話も使っています。なお，通常時はセキュリティ対策上，スマートフォンは使用禁止です。

④カウンセラーのサポート

　事務所で行っていたときは，SVやカウンセラーにすぐに話しかけたり，ちょっとしたことでも聞いたり，確認したりすることができていました。また，自殺対策の相談という緊張のなか，カウンセラーの過緊張を和らげるよ

うなコミュニケーションも可能でした。相談が終わった後に，抱えきれない
ようなことは，事務所の相談室内でシェアし合うこともできました。

　事務所では普通にできたこういったサポート体制を，テレワークでもでき
るかが最大の懸念点でした。カウンセラーのサポートについては，本章5
「カウンセラー教育とサポート」をご参照ください。

⑤緊急対応や災害時のサポート

　事務所で行っていたときは，緊急対応時は，SNS 相談シフトに入ってい
ないスタッフも，必要な際に応援でその場にかけつけることができました。
これがテレワークではできないため，テレワーク SNS 相談でヘルプが必要
な際には，責任者が SV やカウンセラーをサポートしています。

　自死を防ぐための緊急対応時には警察が事務所に来ますが，テレワークで
は自宅に来ます。この負荷も考慮し，当初は責任者が業務 PC を持って警察
に行きました。緊急対応はいつあるか分からないため，責任者の負荷も懸念
点でしたが，テレワークに慣れてくるにつれ，次第に現場の SV やカウンセ
ラーが自宅でできることが多くなってきています。

　地震等の災害は相談中に起こることもあり，その際のルールも定めていま
す。クライアント・カウンセラー等関係者の生命と安全確保を最優先に行う
こととし，そのためには相談中断もやむなしとしています。また，相談中の
カウンセラー・SV と責任者とが互いに連絡をとり合い，災害で中断した相
談のフォローにも努めるようにしています。

3　緊急対応とつなぎ支援

（1）緊急対応 ─────────────────────────

　緊急対応とは，自死または他害が実行されないよう，何らかの手を尽くし

生命を最優先に守る行為です。人間同士の血の通った対決でもあり，カウンセラーとしてのスキルや，自分自身の経験を活用し，慎重に実施しなければならない行為であると言えます（ここでは，筆者の心理職としての体験をもとに，記載させていただきます。対応方法等に関しては，第3章1（1）も参照してください）。

　緊急対応に該当する相談者の心情は，以下に近いと考えます。

- ●何かに追いつめられ，死へと急き立てられている（死ななければならない，死ぬべきなど）。
- ●物理的な行き場がなくなり，死を選ぼうとしている（生活困窮から住まいがなくなる，職がなくなるなど）。
- ●苦しみから解放される逃避場所として，死を選択しようとしている（悩みや憂鬱感，または何らかの疾病状態であることからの解放など）。

①緊急対応の目標と2つの対応ポイント

　緊急対応の目標は，相談者に自傷他害を思いとどまってもらう，または諦めてもらうことにつきます。経験上，自殺を宣言してくる相談者のほうが，他害を宣言してくる人より圧倒的に多いため，以下は自殺について記します。

A．慎重に声をかけ，返答を促す

　相談者が応答してくれそうな，最初の言葉かけを検討する必要があります。理由は以下のとおりです。

- ●気持ちが自殺に傾きながらSNS相談に来ているので，主体的に話し出す人は少なく，事務的な挨拶や定型文章だと，余計に生きる気持ちが萎える場合があります。書き込まれた文章をよく検討してから，心情に寄り添うような第一声を心がけましょう。
- ●相談者の尊厳を低下させるような言葉も，気をつけたほうがいいでしょう。ともすると，「どうせ自分なんて」という気持ちを，助長することになります。

- 安全確認の為にも返答を必ずしてくれるよう，たびたび促しましょう。この人となら話してもいいかも，または，少し死ぬのを保留してもいいかも，という小さな信頼感を相談者の心につくり，死の淵から引き離すことが，自殺を食い止める最初のポイントとなります。

B．相談者の話を聴き，共感しつつ，心理，行動面を自殺から遠ざけるよう努力する

- 自殺自体の話に集中せず，日常生活や他の話を織り交ぜることで，自殺に傾きすぎている思考を，別のものへと変えていくサポートをします。
- 相談者は苦しい心情を吐露しきって，自己嫌悪になることもあります。新たな不安にかられる結果となりますので，話してくれたことを肯定し，労うことも忘れないようにしましょう。
- 自殺する前に話を聴いてもらい，受容され，満たされた気持ちのまま死にたい，ということもあります。緊急対応時のカウンセラーは，相談者を安心させて死へ送り出すことが仕事ではありません。気持ちを満たすことをカウンセラーの目標とせず，生きるための一歩を踏み出せるよう，対応してください。時には厳しい意見を言うことも必要であることを，忘れないでほしいと思います。
- 相談者の気持ちが生と死の間を揺れ動いたとしても，カウンセラーは一貫して生を主張し，今日死ぬことをなんとしても止めなければなりません。死生観としての死についての共感や容認も，緊急対応時はハイリスクです。物理的な自殺を容認してはいけません。

②緊急対応例——今，首を吊ろうとしている

　心理職はここで焦ってはいけません。まずは，首を吊ろうとしているロープやベルトを外し，ゴミ箱などに捨てるよう促してください。捨てたかどうか，必ず確認してください。「ロープを捨ててくれて，ありがとうございます。安心しましたよ」など，お礼も伝えましょう。「よかったら，お話を聴かせてくださいね」などと声がけし，座って話すよう促しましょう。相談者

がこの行動ができたら，SNSで続けてもよいとも思いますが，電話で話せる旨も伝え，話す手段を決めていきましょう。

「今日は苦しいなか，よくご相談に来てくださいましたね」など，相談に来てくれたことに感謝を示しましょう。「首を吊ろうとしていましたが，何か死にたくなるようなことがありましたか？　よかったら，教えてくださいね」など，自殺について，回避せず話題にしましょう。相談者がなぜ自殺しようとする前にSNSに書き込んできたのか，その心の内を逃げずに聴いてみましょう。

この理由が分かれば，自殺を食い止める方向がアセスメントできます。落ち着いて，じっくりと聴き逃さないようにし，相談者にどんな支援をしたら生き延びられるか検討してください。「仕事ができなくて，毎日自己嫌悪になる。でも，辞めたいと言い出せないから，死ぬ」と言われたら，カウンセラーが会社に電話して事情を伝え，退職や休職を検討してもらうのもいいと思います。この場合，本人には同意を取ってください。

さらに，なるべく名前，住所，電話番号を聞き出せると，警察や救急対応が必要になった場合，それらの機関とスムーズに連携することができます。

良い対応策が見つからない場合でも，自殺を諦めるまで対応します。話が長時間に及び，決着しない場合，明日も相談に来るよう約束し，引き継ぎが必要な場合は適切に実施しましょう。

（2）つなぎ支援

SNSで相談に来る相談者は，「話を聴いてもらい，気持ちを整理したい」という相談者ばかりではありません。「お金がなく，食べるものがない」などの相談の場合は，話を聴くだけでなく，生活保護やフードバンクなどの情報提供が必要となります。相談者自身が役所などに自力で相談することができない場合，つなぎ支援のコーディネーターが代わりに役所と連携し，相談者への支援が滞らないよう橋渡しをします。このような支援を「つなぎ支

援」と呼んでいます。

①つなぎ支援のポイント

カウンセラーは支援の専門家でもあると考えます。どの心理療法や心理テストが相談者に適しているのかをアセスメントするのと同様に，他のどの支援機関が相談者に適しているか見極め，行動を起こしてもらうよう促すことも大切です。相談者自身の気づきを待つのも大切ですが，自殺対策の SNS 相談ではカウンセラーから的確に素早く情報提供しないと，緊急対応の対象者にもなりかねません。

A．つなぎ支援先
- 保健医療分野——病院，地域包括支援センター，保健所等
- 福祉分野——社会福祉協議会，児童相談所，精神保健福祉センター等
- 教育分野——学校，教育支援センター，教育委員会等
- 産業分野——就職支援センター，リワーク施設等

上記は支援先の一部ですが，日ごろからつなぎ支援先の情報収集，理解に取り組んでおきましょう。つなぎ支援先の一覧表の作成や，インターネット検索の精度を上げることも必要です。つなぎ支援先も，日進月歩で変わっていきます。相談者に情報提供する際には，支援内容をよく確認しましょう。

B．相談者の相談意欲は重要
相談者は最終的に，自分自身でつなぎ支援先と接点を持つ必要があります。まずは，紹介した支援先に，相談者自身が連絡をとるよう促しましょう。相談者が自分でできることまでカウンセラーが手を貸してしまうと，相談者の自立をカウンセラーが阻むことになります。相談者自身が相談できるか，アセスメントしましょう。必要に応じて，相談者に相談方法を伝授したり，SNS 相談の内容を相談先に見てもらうなど，提案していきましょう。相談者が自分で相談できないと判断した場合は，相談者の了解をとってつなぎ支援コーディネーターが支援先と連携し，相談者との仲介役となりましょ

う。その際は，今後の連携に関して，つなぐ先と打ち合わせをしておくとよいでしょう。

4 自殺リスクの高いSNS相談への対応

（1）うつ病等精神疾患 ─────────────────────

　精神科病院，精神科クリニック，心療内科，うつ病，発達障害，HSP，メンタルヘルス……，メディアでもこのような話題を取り上げることが増え，精神医療やカウンセリングを活用することに対する敷居が，だいぶ低くなってきたように感じています。

　2020（令和2）年患者調査では，全国の医療施設を受療した推計患者数は，「入院」が約121万1千人，「外来」が約713万8千人でした。傷病分類別にみると，精神及び行動の障害は，「入院」が約23万7千人，「外来」が約26万7千人と報告されています。入院患者数は過去15年で減少傾向，一方で外来患者は増加傾向となっていることからも，その傾向（敷居の低さ）を裏付けていると言えます。

　また，コロナ禍によって，テレワークやオンライン診療といった新しい様式も広がり，国や行政機関，さまざまな地域でも，SNSによる相談がスタートするなど，カウンセリングにおいても新たな試みが進んでいます。

① SNSがもたらす診療・カウンセリング活用の心理的障壁の低下
　これまでは診療やカウンセリングを受けるためには，その場所に出向くことが大前提となっていました。そのため，外出したくてもさまざまな事情で外に出ることが難しかったり，対面でのコミュニケーションに恐怖や不安を感じたり，人と会話をすることもままならなかったりと，従来であればカウンセリング以前に人と会話することさえも諦めざるを得ない状況を作り出し

ていました。

　それが，SNS という非対面，オンラインのツールが世の中に浸透していくことにより，自宅などの自分が安心できる場所にいながら，さらにはベッドの中で横になりながらでも，困っていることや悩んでいることを解決する，最初の一歩を踏み出す選択肢ができたのです。

　2018（平成30）年 3 月から，自殺対策を目的とした民間団体による SNS 相談が，厚労省補助のもとスタートしています。2021（令和 3 ）年の『自殺対策白書』によると，相談件数は延べ 6 万 3 千件にも及び，10〜20代の若年層の相談率が 7 割強，男女比は女性が 9 割弱となっています。

　また，相談内容としては「メンタルヘルス不調」が最も多く，その他に「自殺念慮」「家族」「健康」となっています。

② SNS は言葉で紡いでいく

　現場で相談を受けていると，学生の場合では，友人関係から学業のこと，そして家族関係の相談が多く寄せられます。また，最近では SNS でのトラブルに関する相談も増えてきています。スクールカウンセラーや学生相談の情報を伝えつつ，うまくそこにつながれるように話を聴いていきますが，必要に応じて児童相談所や警察に通告する場合もあります。また，20代以降の成人の場合は，夫婦や子育て相談，職場のメンタルヘルスに関する相談も多く，そして孤独感や将来への絶望を語る相談も少なくありません。

　どのような状況で，どのような症状を持ち合わせているのか，SNS 相談においては相談者の様子が文字を通じてでしか理解し，感じられないからこそ，こちら側が十分慎重に行間の文意含めて把握する必要があるのは言うまでもないことです。伝える言葉の一つひとつや表現の仕方次第で，相談は良い循環にも悪い循環にもなりうるので，SNS 相談は言葉で紡いでいく場所であるということを，カウンセラーが忘れずに対応していくことが大切であると考えます。

③相談者が医療につながっている場合

公認心理師法第42条第2項にかかる，主治の医師の指示に関する運用基準にも明記されているように，「公認心理師は，その業務を行うに当たって要支援者に主治の医師があるときは，その指示を受けなければならないこととされている」，また「公認心理師は，把握された要支援者の状況から，要支援者に主治の医師があることが合理的に推測される場合には，その有無を確認するものとする」とされています。

相談者が医療につながっている場合には，日頃主治医はどのようなことを言っているのか，どのような話し合いがなされているのかを確認し，そこに沿うような対応が必要であり，主治医への相談を促すことが大切です。死にたい，苦しい，眠れない……そんなとき，主治医はどのように言っているのか，今まではどうしていたのか，クライアントが苦しい状況に必要以上に左右されることなく，主治医の方針を信じ，立ち返られるように，そしてまた死にたい苦しい状況をやり過ごせるようにサポートすることが重要と考えます。

また，医療にかかわらず，行政機関や他のサポート環境がある相談者の場合も，同様のことが言えます。相談者がすでに他で受けている助言を踏まえない，カウンセラーからのいろいろな助言はかえってクライアントを混乱させてしまうリスクもあります。そのため，今あるリソースを活用した現実的な支援を中心に展開していくことを，クライアントに目指してもらいたいからでもあります。

一方で，リアルなつながりに何らかの苦い思いを抱いて，相談に来る場合もあります。そこは一つの肝であり，SNSからリアルに再度たらい回しをされている印象を抱かせてしまうおそれがあることも，考えておかなければなりません。また，医療につながっていないケースも少なくないため，その場合には受診勧奨を行ったり，医療機関受診の相談含めての窓口として，精神保健福祉センターや保健所を紹介したりすることも多いです。

地域でリアルにつながってもらうことはとても大切であることを，ここで

も意識して行っていくことが重要だと考えます。そして，症状への心理教育を行い，今あるしんどさはメンタル不調による苦しさであることも伝えつつ，必要な医療につなげる役割も担っているように感じています。

④ SNS という限られた時間と情報のなかで自殺のリスクを判断するには，何が必要か

　さて，私たちが行っている SNS 相談は自殺対策を担っているので，希死念慮を訴えている内容は多いです。なぜ SNS 相談で「死にたい」を訴えるのか，どのような期待で，どのような思いでここに来てくれたのでしょうか。死ぬ前に最後に誰かに話を聴いてもらいたくて，と語ってくれるクライアントも少なくはないのです。

　「聴いてもらいたい」というこちら側への期待，「もう無理です」「決めたんです」という死への頑なな思いと一進一退が続くなかで，諦めずに丁寧に応えていくことが，我々のミッションであると考えます。

　どの相談でも同様ですが，「死にたいほど苦しい，辛い，死が自分を楽にしてくれると思うほど追い詰められている」ことに思いを馳せ，寄り添い，受け止めることは大前提です。

　何かきっかけがあったのか，少しずつひも解くように言葉を投げかけていきながら，精神疾患の症状に加えてストレスとなりうる大きな出来事の有無（離婚，借金，叱責等々），また過去の自殺未遂や身近な人物の自死の有無，自死リスクが上がる材料がどれだけあるのかを，相談のなかでヒアリングしつつ判断してくことが必要になってきます。

　しかし，目の前にいる相談者にリアルに接し，手を差し伸べられないもどかしさが，SNS 相談にはあります。カウンセリングでは沈黙も大切な時間として取り扱いますが，それは同じ空間にいて，非言語的に感じるものがあるからこそであり，相談者が LINE でブロックしたり，その場から離脱してしまったら，いくら言葉を投げかけてもこちらの声は届きません。

　相談者が離れたことにはどんな意味があり，思いがあるのかに想いを馳

せ，カウンセラーも自分と向き合うこと，それが，もしかすると SNS にお
けるひとつの醍醐味と言えるのかもしれません。

（2）OD とリスカ ─────────────────────

　近年，自傷行為であるリストカット（以下，リスカ）やオーバードーズ
（以下，OD）と呼ばれる薬の過剰摂取が若者の間で深刻化され，これらの言
葉をニュースなどで耳にする機会も増えてきました。それと比例し，SNS
相談でも，若い女性を中心にリスカや OD に悩んでいるといった相談が，と
ても増えてきている現状があります。

①自傷行為の広まりと現状
　支援者も含め，世間の大人たちのなかには，若年層が OD やリスカをする
理由として，「自己アピール」「周りの関心を集める手段」として捉える方も
少なくないと思います。しかし実際は，「今のこの苦しさをなんとかしたく
て自傷している」という方が圧倒的に多いと感じています。誰かに相談した
くても，「どうせこの辛さは分かってもらえないから」と身近な人への相談
を諦め，絶望感を感じながらもなんとかたどり着いた先が，こういった
SNS 相談だと思います。
　最近はさらに若年層にまで及び，早いと小学校高学年くらいの児童が，
OD やリスカに手を伸ばしています。今は小学生からスマートフォンを持た
せる親御さんも多く，昔は子どもが安易に知り得なかった情報を，早い段階
で知ることができるようになりました。非常に利点も多いスマホですが，危
険なことも，流行れば早急に広まりを見せます。以前であれば，同じ学校や
クラスなど狭い世界の中で生きていた子どもも，今や SNS を使うことで，
その関係は大人，さらに日本全国まで広がるようになってきました。
　遠方同士のやり取りであれば，なかなか顔を合わせる機会もないのです
が，住んでいる地域が近かったり，お小遣いで行ける距離だったりすると，

実際に会える仲間ができることもあるでしょう。OD やリスカが「個人の秘めごと」として行われている反面，ネットの世界ではあちこちでやっている人に巡り合えるため，とても身近に感じやすくなっていることは容易に想像できます。

　すでに OD やリスカの経験のある子からの，「今の苦痛が飛んで楽になる」「楽になるからやってみたら？」というお誘いのようなものにより，「そんなに楽になるなら私も切ってみたい」「市販薬ならお小遣いで買えるから試してみたい」と思わせるものなどで溢れています。今，悩みや苦しみを抱える子にとっては，何とかそこから抜けだす手段として，最初は小さな期待と好奇心から始める子も多いのではないでしょうか。

②実際の SNS 相談

　SNS に相談に来る子の多くが，「辛くなると，どうしてもリスカをしてしまいます」「ダメだと分かっているのに OD してしまう」と，本音を吐露していきます。本人たちも，自傷行為を「やって良い」とは決して思っていません。本来であれば，そんなことをしなくても今の苦しさを取り除きたいけれど，現状それが難しいため，自傷で何とか気を紛らわせているといった感じでしょうか。

　なかには，SNS 相談に来る前に，親御さんや担任の先生に相談をしたことがある子も多くいます。ただ，支援者以外の大人から「やっていいよ」と言われることは稀であり，だいたいは「そんなくだらないことはやめなさい」「何のアピール？　悲劇のヒロインぶって」など，軽くあしらわれたり，批判的かつ怒られるに近い対応をされることから，「本当の苦しさを，一番に知ってほしい身近な人に理解してもらえない」という，絶望にも似た決めつけにもつながっていきます。

　これは本来，重要なスキルである「誰かに相談すること」を諦めることにもつながっており，孤独感をより一層深めるきっかけにもなっていると感じます。そのような環境に身を置いてる子どもにとって，SNS 相談は唯一，

自分の気持ちを素直に受け止めてもらえる場所になっていると思います。

　実際には，相談背景やそのリスクによって対応の仕方を変えることがありますが，自傷をしてる人と最初にラポールを築けるかは，まずは本人の苦しみ，やっていることを受け入れることからだと感じています。

　以前，私が対応した相談で，「ダメだと分かっていても切ってしまうんです。こんな自分はダメなんです」と，胸の内を明かしてくれた中学生がいました。その子は親をはじめとする周りの大人にたくさんの相談をしていましたが，口を揃えて「リスカはやったらダメだよ」と言われ続けていました。そんななかで，「大人がダメだと言いっていることをやめられない。そんな自分は愚かでダメな人間だ」と，さらに自責が強まっていました。

　そこで，「深く切りすぎるのは心配だけど，薄く切って消毒しておけば大丈夫だね。そこまで悪いことはしてないですよ」と伝えたところ，好意的に受け止められたことがとても嬉しかったようで，「はじめて自傷を否定しないで聞いてくれるところに出会いました」と嬉しさを滲ませ，今まで誰にも言えなかったという家庭環境のこと，学校でのことを，次々と話してくれるようになりました。

③自傷行為の今後

　本来であれば，自傷行為をしないほうがいいのは間違いないと思います。将来的に傷が残る可能性，後遺症の問題，さまざまな心配要因が挙げられるからです。そのことについては，自傷する当事者もしっかり理解していることがほとんどですが，実際は分かっていても，すぐにやめられないのです。

　そして，「今の苦しさを何とかしたい」とODやリスカに依存している人にとって，いきなりそれを取り上げられるのは，自分が好きなものを取り上げられているのと同様で，大きな苦痛や困難を伴うことも事実でしょう。医療機関を受診するにも，子どもであれば親の承諾というハードルが待ちかまえています。たとえ親に自傷を告白しても，先述したように，アピールだろうとか，今の思春期の流行りごと，などといった的外れな認識で見逃されて

しまうことで，治療の機会を逃してしまっている子どもも少なくないと感じています。

　そういった行き場のない思いを受け止められる唯一の場所として，SNS相談があると思います。「知らない人だけど，誰かに聞いてもらえる」という安心感は，子どもや若者にとっての成功体験につながり，「また誰かに話してみようかな」「こういうふうに親に伝えてみれば理解してもらえるかな」など，次のステップを踏むためのきっかけ作りに，大きな貢献ができるのではないかと感じています。

（3）性被害

　性被害を「打ち明ける」という相談に対して，一期一会のなかで，カウンセラーとして私にできることについて述べたいと思います。

　性暴力，それは性を手段とした卑劣な暴力であり，合意のない性的行為を強要されることです。年齢，性別，環境などに関係なく，誰もが性被害に遭う危険性があるのです。

　SNS相談の現場で，過去に性被害に遭った，今まさに性被害に遭っている相談者の方たちに出会うことは，少なくありません。明確に被害を語る方もいらっしゃれば，被害に遭ったことを開示するのではなく，「死にたい」「消えたい」「怖い」「助けて」という表現で，“気づいて”というサインを発信される方もいます。あるいは，自傷行為，うつ，逸脱した性行動，解離症状などの背景に，何らかの性被害を受けている（いた）のではないかと見立てられるケースもあります。

　SNS相談では，私たちカウンセラーは送られてくる活字に，しっかり心の目と耳を傾けます。また，必要な場合には，安全な支援先につなげることを念頭に，慎重なやり取りを続けます。

①性被害ケースの対応の基本と，相談者心理の一端

　まず性被害のケースでは，SNS相談でも対面カウンセリングでも基本は同様ですが，相談者を追い詰めないように詰問調の「なぜ」「どうして」は使わず，また不要な質問も避けます。そして，次に続く相談者の言葉を焦らずに"待ち"，丁寧に"聴く"ことが求められます。さらに，二次被害を起こさないことも重要です。

　性被害におけるSNS相談での相談者心理としては，カウンセラーは「顔も知らない誰かだから不安」というのもあれば，「自分を知らない誰かだからこそ話してみようか」「SNS相談という場所なら，自分の話を聴いてもらえるかもしれない」というのもあります。このようにさまざまに揺れ動く心理のなかで，性被害という声に出せない声を発するために，なんとかスマホ画面の「相談する」ボタンを押して来られる相談者が多くいます。

②子どもたちからの相談

　SNS相談には子どもたちも来てくれます。家庭内，学校，習い事の場など，本来なら安全であるはずの場所でも「性的虐待」は起きています。

　SNS相談のなかで子どもたちは，「誰にも言えない」「話しても信じてくれない」などと教えてくれます。「LINEだから話せる」，と書いてきてくれる子どもたちもいます。そういったとき，カウンセラーはまず，「よく打ち明けてくれたね。ありがとう」と，相談しにくいところを勇気をふりしぼってなんとか相談に来てくれたことを肯定するメッセージを，心より伝えます。

③相談者の安全の確保と，離脱してしまう子どもたち

　未成年者の場合は，通報を視野に入れながらの対応になることもあります。そういった際，第一に確保すべきは相談者の安全です。実際にどう対応するかというと，カウンセラーは，「今，あなたは，安全ではないところにいるんだよ」といったことを，子どもたちが分かるように親身に寄り添って

伝えます。そして，「安全な場所で，安心できる大人に助けてもらわない？」
などと介入していきます。

　しかし，残念ながら子どもたちの大半は，「うん」と答えてはくれません。それよりも，子どもたちは性加害者を，「普段は優しいから」とか，「知らないところへ行くのは嫌だから我慢する」とか，「自分がいなくなったら（性加害者が）かわいそう」などという哀しい理由で，危険な場所での生活を続けていくことを選んでしまうことが少なくないのです。

　そんなときカウンセラーが，すぐにでもそこから逃げてほしいと思いしつこく説得をすると，せっかく勇気を出して相談に来てくれた子どもたちは，画面から消えてしまったりします。まさにこの離脱のしやすさが，対面カウンセリングと比べた SNS 相談の難しさでもあると考えています。

④大人への信頼回復を願い，対応していく

　ここでカウンセラーとして重要なことは，たとえ子どもたちが性加害者から逃げないことを選択しても，「逃げたいと思ったら，逃げる場所はあるからね。あなたをいつも心配しているよ」と，しっかりと伝えることです。そしてカウンセラーは根気強く対応し，「この世の中には信じてもよい大人もいるんだよ」というメッセージを子どもたちに届けられるように，工夫と努力を重ねていきます。

　また，SNS 相談につながりにくい状況によって，子どもたちを諦めさせてしまわないよう，終話時には他のいくつかの支援先と，「また来てね」のメッセージをしっかりと送ります。カウンセラーは，一日でも早く安心した場所で生きてくれることを願い続けながら，メッセージを送ります。

⑤「あなたには何も責任はない」というメッセージ

　相談者が大人か子どもかに関係なく，性被害に遭い，ここに来て打ち明けてくれたすべての人たちに，カウンセラーは「あなたには何も責任はない。悪いのは加害をした人間です」ときっぱりと，自己責任を解除するメッセー

ジを送ります。なぜなら，性被害者が最も心苦しむ原因は，自己責任の呪縛にあるからです。往々にして被害者は，被害を受けたのは自分が悪かったから，自分に非があったからだと思ってしまいがちです。

　生きていたくないと思うほどの恐ろしい性被害体験をすれば，どんな人も自己否定感が強くなってしまうのは，何も不思議なことではありません。カウンセラーは，そのような心理状態に陥ってしまいがちな相談者のどんな気持ちをも受け入れたうえで，「それでもあなたが大事」だということを優しく伝え続けています。

⑥相談者の苦悩苦悶に想像を馳せる

　過去のことであれ，今のことであれ，誰にも話せないまま「性被害」という大きな痛みと一緒に生きてこられたという，相談者の厳しすぎる現実。「眠れない夜」「明けなければいいと願う朝」，そんな日々を相談者はどれだけ過ごしてきたことでしょう。

　性被害の相談を受けるカウンセラーが何よりも願っていることは，いつだって，誰だって，「助けて」と言ってよいということ。カウンセリングとは，「聴いてほしい。気持ちを受け止めてほしい」，そんな人たちの心の声を聴かせてもらえる場所。その一つが，顔は見えなくてもつながることができる，SNS相談であると考えています。

⑦活字はまさに生きている

　ある被害少女が言ってくれた言葉で，カウンセラーとして忘れられないメッセージがあります。

　「もうここには相談には来ない。だけど死なないから安心して。お話してよかった」。

　その力強くもあるお礼の言葉を聞き，カウンセラーとして微力ながらも少しだけ傍にいられたような気がしました。SNS相談において，活字は生きているのだと感じられた体験でした。

「死にたいと思うほどの苦しみは，なくならないかもしれない。でも，どんなあなたでも大切です。あなたは1人ではないんです」。

　一期一会のSNS相談。相談にくる人たちには，相談に来てよかった，このSNS相談があってよかったと，少しでも思ってもらえたら嬉しいと願い，日々のSNS相談に想いを込めています。カウンセラーはSNS相談で，いつでも相談者の「心の声」を待っています。

（4）虐待

①児童虐待のアセスメント

A．児童虐待のアセスメントツール

　カウンセラーは，虐待の判断基準となる「児童虐待のアセスメント」について，事前に知識を持っている必要があります。本項では，厚生労働省から2017年に市町村等に向けられた，「児童虐待に係る児童相談所と市町村の共通リスクアセスメントツールについて」[*4]を参考としています。

B．虐待の相談があった場合の対応

　相談内容に虐待の訴えがあれば，「身体的暴力」「ネグレクト」「心理的暴力」「性暴力」のどれにあたるのか確認します。そのためにはアセスメントツールを参考に，スーパーバイザー（以下，SV）の指示のもとカウンセラーと協力をして，傾聴しながら詳細な情報収集を図り判断します。

　明らかに虐待を受けていると判断できても，学校に知られると親に連絡がいくことを警戒されるなどで，学校名を明かしてもらえない等，学校へのつなぎが困難な事例が多くあります。

　SNS相談ではまずラポール形成を最優先とし，大人への不信感のある相談者（児童）の恐怖心をあおらないよう配慮します。「SNS相談は安全なところ」という安心感を得てもらえるまで，毎日でも相談にくるよう促し，慎

＊4　https://www.pref.tottori.lg.jp/secure/1079552/jidougyakutainikakaru.pdf

重に粘り強く継続相談につなげます。虐待が判るとカウンセラーは不安や焦りから情報収集しようと質問攻めになりやすいので，SV がリスニング（傾聴）とアスキング（オープンクエスチョン）を交互に組み合わせてフィードバックしていくよう指示し，警戒心をやわらげ情報を得られやすくします。

　通報できる程度の個人情報が得られた後，学校に連絡をするか児童相談所へ通報しますが，相談者には通報後どのようになるのかなどの話をしておき，安心感を得られるようできるだけ配慮します。

C．対応の注意点

a．通報することにとらわれない

　通報が業務の第一優先であるかのような考えにとらわれないよう，SV やカウンセラーの日ごろの研鑽は欠かせません。また，相談者が相談を受けてほしいあまり大げさに訴えているような場合もありますので，そのアセスメントは難しいところです。

　いよいよ虐待の事実が確認されれば通報となりますが，通報後もその相談者が虐待を受けてきた環境で引き続き生活を続ける場合もありますので，カウンセラーや SV はその場で抱く恐怖感に向き合い冷静な対処を心がけます。

b．一度に複数のアドバイスをしない

　危険性が高いと感じるほどカウンセラー自身が不安になり，複数のアドバイスをしたくなるものです。しかし，相談者は情緒が不安定であることを念頭に置き，最優先事項から一回の相談に一つずつ提案するようにします。

c．連携先を増やしておく

　虐待が疑われる場合でも，相談者は親に知られることを恐れ学校に相談できずにいることがほとんどです。このため虐待の話しをするのではなく，「気持ちが落ち込んでいる」，「体調が悪い」などの心身の不調を理由に相談に行くよう促します。

　また，祖父母や親戚の許しが得られるところなど，避難する場所がないかを尋ね，「あなたを守ってくれる大人を増やしましょう」と提案し，相談者とともに逃げ場所を探し，サポートネットワークを増やす工夫をしていきます。

表 4 - 8　児童相談所虐待対応ダイヤル「189」について（厚労省 Web サイトより）

> ・「虐待かもと思った時などに，すぐに児童相談所に通告・相談ができる全国共通の電話番号です。
> ・「児童相談所虐待対応ダイヤル「189」」にかけるとお近くの児童相談所につながります。
> ・通告・相談は，匿名で行うこともでき，通告・相談をした人，その内容に関する秘密は守られます。

d．終了前に他の相談先を伝えておく

相談のネットワークを複数持つよう促し，24時間子ども SOS ダイヤル（文部科学省）などの情報提供をします。

e．虐待の頻度が多い場合

警察に行くか，早めに「189」（表 4 - 8 ）へ電話するように伝えておきます。その際，警察署や交番の場所がどこにあるのかを尋ねて，子どもが分かることを確認しておきます。

f．児童相談所で一度保護されたことがある場合

中学生以下の子どもで一時保護をされたことがある場合，児童相談所等からの見守りが付き，本人や親は面談を受けています。4 〜 5 年経過していると面談が途切れている場合もあります（地域によって違いはあります）ので，状況が悪くなった場合も189，または警察に行くよう伝えておきます。

D．生命の危機（警察への通報）

虐待を受けていることで，自殺を考えているという相談があった場合，その緊急性の判断基準が必要です。この項では，死にたい気持ちについては，以下の 3 点を判断基準とします（日本臨床救急医学会，2009，p. 7 [5] 参照）。

●希死念慮：死を願う気持ちのことだが，自殺までは考えていない場合
●自殺念慮：自殺という能動的な行為で人生を終わらせようという考え方

---

[5]　https://www.mhlw.go.jp/file/06-Seisakujouhou-12200000-Shakaiengokyokushougai hokenfukushibu/07_2.pdf

●計 画 性：自殺の手段や場所，決行時間まで具体的に考えている場合に
　　は，自殺の危険が高い

　「希死念慮」「自殺念慮」は，死ぬほど苦しいと訴えることで，苦しい気持
ちを聴いてほしい場合が多いようです。その苦しさを理解し受容されること
で，相談者はしだいに生きるエネルギーを蓄えられていきます。
　希死念慮のある相談者が，「死にたいと言わせてもらえないのは，もっと
辛いことである」ことからも，吐露することは念慮を軽減できることがある
ということを知り，落ち着いて傾聴します。ただし例外として，PTSD に係
る相談にはフラッシュバックする危険性がありますので，SV の判断のもと
傾聴しない方法をとることも必要です。
　次に「（自殺の）計画性」のある場合は，どの方法が致死率が高いかを，
SV が事前に知っておくことは判断の目安になります。筆者が最も判断材料
になっているのは，自殺を考える人に読まれているという，『完全自殺マ
ニュアル』（鶴見，1993），『ぼくたちの「完全自殺マニュアル」』（鶴見，
1994）です。これらは特に10〜20代が多く読んでいると言われていることか
ら，どの方法を選ぶかなどを知ることができます。また，自殺の計画をして
いる相談者の危険度を図るのに役立ちますので，特にアセスメントをする
SV には一度目を通しておくことをお勧めしています。
　他に自傷行為のなかで，リストカットから次第にアームカットへ移行する
ようになった後，ネックカットが始まることもあるので，移行している場合
は注意が必要です。
　「（自殺の）計画性」があり，緊急対応が必要と判断した場合には，警察に
通報することもありますが，SNS ではどうしてもオーバートリアージにな
りやすいので，できるだけ電話相談に切り替えて話せないか相談者に促し，
SV が電話対応することでより多くの情報収集をし，判断材料を得やすくし
ます。

② SNS 相談からつなぐ支援

　学校にも言えない，児童相談所にも行けない，通報したくても本人の同意が得られないケースについては，弁護士が代表を務める「子どもシェルター」へつなぐ方法もあります。本人がシェルターに電話すると，児童相談所に連絡がいきます。

　以下に参考として，養護施設に関わる情報を紹介しておきます（2024年現在の情報です）。

- ●子どもシェルター全国ネットワーク会議（社会福祉法人カリヨン子どもセンター）（https://carillon-cc.or.jp/meeting/）
- ●虐待を防ぐには　子どもが一時保護されるとどうなる？（NHK 福祉情報サイト　ハートネット）（https://www.nhk.or.jp/heart-net/article/337/）
- ●なびんち：児童養護施設を出た後の相談先探し（一般社団法人コンパスナビ）（https://navinchi.jp/#home_search）
- ●全国自立援助ホーム協議会（https://zenjienkyou.jp/）

（5）孤独・貧困・経済苦 ────────────────

①問題が複雑に絡み合う現状

　孤独・貧困・経済苦の相談も，2020年からのコロナ感染症の流行が大きく影響しました。コロナ感染症の前後では，孤独・貧困・経済苦についてのSNS 相談は深刻度が増し，内容がより具体的に語られるなど，変化が見られました。コロナ感染症が落ち着きを見せはじめても，経済苦や貧困への爪痕は深く，窮状に立たされている方々の実像がうかがえます。

　経済苦から貧困になり，孤独感が増大していることもあります。また，孤独・貧困・経済苦の背景には，死別や離別，離職や解雇など，さまざまな精神的負荷がかかる出来事があり，うつ状態が疑われる場合もあります。

　誰にも相談できない，相談したくない，知られたくない。しかし，一人で

抱えるには苦しく，今の自分を解放する手段として死を選ぶしかない。その
ような追い詰められた方々にとって，匿名性の高い SNS 相談は，否定や非
難をされることなく本音を吐き出せる場所として有効であることを実感して
います。

②孤独についての対応

　孤独というと，身寄りがなく，単身で生活している方を想像しがちです
が，孤独を苦痛と感じている方が必ずしもそのようではないこともありま
す。他者とのつながりを希薄に感じており，そこに孤独感や寂寥感，ご自
身の思いを共有できる方が思い当たらない，相談する人は近くにいても信用
できないなどがあり，孤独感，孤立感を高めているケースもあります。
　また，コロナ感染症の影響では，外出制限やテレワークの導入で，学校や
社会との関係を突然一方的に閉ざされてしまったように感じ，孤独感に包ま
れたように感じた方も多かったです。
　関わりのある人物がすぐ隣にいても，家族と同居している方でも，孤独や
孤立を強く感じ，人生を終わりにしたい思いになられる方がいます。子ども
であれば新学期のクラス替え，大人であれば職場環境や人生の大きな転機，
たとえば離婚などで人間関係を含め大きく環境が変わるときに，孤独感や孤
立感と同時に絶望感も伴い，人生を終わらせたい思いになるように受け止め
ています。
　家族関係に焦点を当てると，子どもの場合，親からのきょうだい間の差別
を訴えるケースが多いです。大人では，離婚や不倫など，ご自身で大切にし
てきた家族関係が崩壊していくように感じるとき，DV 被害などでは，ご自
身が耐えて守ってきた家族という形を終わらせなければならない現状と，将
来の展望が見えない大きな不安感があるときに，孤独感に襲われるケースも
あります。死別では，唯一の相談相手であった人やペットなど，心の拠り所
を失ったときは，孤独に耐えられない，一緒にあの世に行ってしまいたいと
いう思いが強くなるようです。

　孤独感が強い方への対応として，死にたいくらいの苦しい思い，辛さにしっかりと寄り添い，どのような状況なのかを話せる範囲で教えていただきます。お気持ちにしっかりと寄り添うことと同時に，今まさにこうしてSNS 相談で相談員とつながっていることを伝えていきます。今以上の改善策は見出せない，もう自分はいなくなりたい，そう訴えてきたその思いにしっかりと寄り添っていき，可能であれば，対面で安心して相談できそうな人を一緒に探していくよう支援を行います。

　死別や離婚などの喪失体験には，グリーフカウンセリングの手法を使います。勇気を持って相談に来てくださったことを労いつつ，孤独感，寂寥感，積年の思いを語っていただくことが多いです。

③貧困・経済苦への実際の対応

　コロナパンデミック以降，経済問題は，まだまだ継続して課題となっています。もう明日のことは考えたくない，貧困から抜け出せない，この苦しく辛い生活を終わりにしたいなど，ご自身の生活上の悩みイコール金銭問題となっていて，この状態には力尽きた，もう耐えられないと訴えてこられます。精神的にかなり追い詰められていることが伝わってきます。

　カウンセラーは死にたくなるほどの思い，苦しい状況であることを確認しつつも，相談の早い段階で，どのくらいの貧困状態であるのかを確認しています。今日は何とかしのげるだけの食料はあるが明日の分がないなどの相談もあります。コロナ禍で仕事を失い，精神的にもかなりダメージを受けていて，働く気力がなく失業給付金の受給が終わってしまうといったケース。借金がかさんで返せない，支出が収入を上回っていて毎月消費者金融から借りてやりくりしているが，返済のメドがまったく立たない。ギャンブルやアルコールの依存傾向にあり，収入があると最優先でそちらに回している。給料が支給されても，借金の返済のため手元に残らない。親族からお金を要求されていて断れないなど，ご自身の問題だけでなく，周囲からの圧力などで金銭的に苦境に追いやられているケースが多く見られます。

　そして，とりあえずの食料はフードバンクなどの利用，借金は法テラスへの相談や社会福祉協議会などの相談を促すことがあります。具体的な相談窓口は，第5章3の法制度でご確認いただければと思います。

④情報提供の大切さ

　どこに相談したらよいのか分からない，それ以前に，そもそも他人に相談する内容ではないと捉えていらっしゃる方が多いようです。お金のことは相談できない，してはいけないように考えている方も多く，どうにもやり場がなく，限界まで耐え抜いて相談にこられることもあります。

　また，住宅確保給付金や自立支援制度を知らない方も多く，国民健康保険や国民年金の未払いなどは，まず行政に支払えないことを相談に行く必要があること，納付の免除制度の可能性も含めて相談を促しています。

　生活保護受給の検討も，確認させていただくことがあります。今月の家賃支払いが難しくなる前に，ガスや電気，水道などの料金滞納でライフラインが停止される前に，限界まで我慢することなく，頑張ることなく，まだ自立して生活できている段階で行政に相談に行くことをカウンセラーは支援しています。

　就労して収入を得ていたが，会社でのハラスメントなどでうつ症状になり，休職期間後に退職となる場合もあります。その場合は，傷病手当金や失業給付金の確認を行いますが，精神疾患を抱えながらの転職活動はかなりの負担があるため，医療費の心配などがある方は，自立支援医療の情報提供も行います。

　うつ症状で苦しいが金銭的に通院の難しい方へ，定額医療を案内することもあります。しかし，居住地により，通院するまでにかなりの距離があるところもあり，そうした場合には通院はあまり現実的ではないと考えています。

　カウンセラーは，金銭的な問題は，法制度で解決できる可能性があることを示しつつ，法的手続きがあるので命を諦めず，大切な命を落とすことがな

いように，焦燥感や絶望感，金銭的な問題から解放されたい思いに共感しながら，情報提供を継続しています。

（6）LGBTQ

①LGBTQ にとっての SNS 相談の意義

　LGBTQ 当事者は，非当事者よりも，希死念慮や自殺未遂経験の割合が高いと言われています。その意味で，相談のニーズは高いと言えるでしょう。しかし，LGBTQ 当事者は非当事者よりも，相談窓口にアクセスしづらい面があるとも言えます。

　相談者は一般に，「こんなことを相談してどう思われるか」という不安を抱えることが多いと思いますが，LGBTQ 当事者については，自分のセクシュアリティが社会で受け入れられないと感じていることも多いため，なおさらそのような恐れ・不安を抱きやすいと思われます。特に，対面相談や電話相談では，相手（カウンセラー）の反応がある程度リアルに伝わってくるぶん，カウンセラーに受け止めてもらえなかったときのことを想像すると，アクセスするのに大きな勇気がいるでしょう。

　その点 SNS 相談では，対面や電話よりも，カウンセラーとの物理的・心理的距離があります。自分の思いをカウンセラーに受け止めてもらえていないと感じたら，急用が入ったと言って（言わなくても）相談を途中で終えることも容易です。その点で相談者の心理的安全性が高く，相談を開始するハードルは下がるのではないかと思います。

　また，特に性別違和を抱える相談者にとっては，SNS 相談は文字のやり取りだけなので，自分の容姿や声を相談員がどう思うか（自分の自認しないほうの性別と思われないかなど）を，気にせずに会話ができることも利点です。

　SNS 相談は，相談者の全体像を理解するための情報が文字情報に限られることがデメリットですが，この側面においては，それがメリットになって

いると言えます。特に，性別違和で現在の外見や声と性自認に不一致がある相談者にとっては，【姿を】見られず，【声を】聞かれずに相談できるというのは，大きなメリットと言えるでしょう。

② LGBTQ に関する相談対応。性自認や性的指向について

では，LGBTQ に関する相談対応において留意することとしては，どのようなことがあるでしょうか。筆者は，表4-9のようなことが挙げられると思います。

表4-9　LGBTQ に関する相談対応の留意点

1．丁寧に尋ねる 　相談者の性自認や性的指向がどのようなものであるかを丁寧に尋ねる。 2．揺らぐのは自然，決めつけない 　「性的指向や性自認が揺らぐのは自然なことである。急いではっきりさせなくていい」という姿勢で関わる。また，カウンセラーからも相談者のセクシュアリティを決めつけない。 3．そのままを受容する 　相談者自身が，「セクシュアルマイノリティであってもいいのだ」という気持ちが持てるように，受容的なメッセージを送る。 4．支援団体 　支援団体の存在を知らせ，当事者同士や支援者との関わりを持つことを提案する。

表4-9について，一つひとつ解説したいところですが，紙幅の関係で，ここでは「1．相談者の性自認や性的指向がどのようなものであるかを丁寧に尋ねる」のみ解説します。

近年広く世間にも知られるようになってきましたが，性自認や性的指向の在り方は多様です。もし，相談者が「トランスジェンダー」「ノンバイナリー」「アセクシュアル」などを自称したとしても，カウンセラーの持っているその言葉の理解と相談者の性の在り方が，一致しているとは限りません。そもそも，カウンセラーが知らない用語が相談者から出てくる場合も，少なくないでしょう。

また，性の在り方を示すさまざまな用語があるなかで，相談者自身も自分

の性の在り方の実際に合わない言葉で自分をカテゴライズしている可能性も，ないとは言えません。そのような可能性も念頭に，「自分は○○だと感じているって教えてくれたけれど，そのことについて，もう少し教えてくれますか」や，より具体的に「それって○○という状態ということで合っていますか」というように，丁寧に確認していきます（○○には性の在り方を示す用語が入る）。このような丁寧に確認する関わり自体が，相談者の在り方を尊重している姿勢として伝わり，「話してよかった」と言ってもらえる場合が多いと感じています。

③相談者がどのように扱われたいかに配慮

　さて，ここまでは，LGBTQ 全般に通じる留意点ですが，特に性別違和を抱える相談者（特に中高生などの若者）への相談で，筆者が気をつけていることがあります。それは，「相談者がどのように扱われたいかに配慮する」ということです。まず，SNS 相談の事前アンケートの「性別」の項目で，「答えたくない」を選択している相談者の場合，性別違和を抱える人である可能性を念頭に置きつつ，相談内容を聞いていきます。また，SNS 相談では，相談開始時に「呼ばれたい名前」を相談者に尋ねることが多いのですが，性別違和があると分かった場合には，特に相手の「呼び名」「呼び方」に気をつけます。

　筆者の経験では，性別違和を持つ相談者は，自認している性別にマッチした呼び名を伝えてくれることが多い印象があります。呼び名は，相談者が自由に決められるのですから当然です。しかし，最初に一般的な女性の名前を答えたのに，相談を進めていったら性自認は男性だった（あるいはその逆）ということもあります。

　SNS の世界でも自分の自認する性別で振る舞う経験がない相談者で，正直に実名を答えてくれたのかもしれません。そうだとしたらなおさら，この SNS 相談のなかでは自認する性別で扱われる経験をしてほしいので，タイミングを見計らって，「呼び名は○○のままで大丈夫？」と改めて尋ね

す。そこまでしてやっと，自認する性別にマッチする，おそらく本当に呼ばれたい名前を答えてくれる相談者もいます。

　また，中学生以上ならば，性別にかかわらず「さんづけ」で呼ぶことも多いと思いますが，FtM（female to male: 心の性は男性，身体の性は女性）の若者の場合，男子扱いとして「君づけ」を望む人もいると思われます。そこで，FtM であるようだと分かった時点で，「○○さんと呼んでいたけれど，もしかして○○君って呼ぶほうがいいかな」などと尋ねるようにしています。

　このような細かい点でも，「どう扱われたいか」を尊重されることは，日常生活で性自認を尊重されないことが多い相談者にとっては大きなインパクトがあり，エンパワメントになるのではないかと思います。そのような経験が，その後，スクールカウンセラーなどの身近な支援者にも相談してみようという思いにつながっていくことを願いつつ，場合によっては具体的にそれを勧めて，相談を終えていきます。

5　カウンセラー教育とサポート

　本節では，SNS 相談におけるカウンセラー教育と，カウンセラーサポートについて取り上げます。対面や電話相談と重なる部分は多くありますが，ここでは SNS 相談ならではのものを中心にまとめています。

（1）カウンセラー研修の主な項目（ガイドライン）————

　SNS 相談には，対面や電話相談とは違ういくつもの特徴[6]があるため，その特徴を踏まえての対応が必要です。そのための教育ですが，厚生労働省の

---

*6　SNS 相談の特徴に関しては，たとえば杉原・宮田（2019），新行内（2020）などを参照。

表 4-10　『別冊 1　相談員研修の主な項目』

```
1. 相談を受けるに当たっての基本
2. 自殺・自殺対策に関する基礎知識
3. 自殺対策に関連する社会資源
4. 若者を取り巻くインターネット環境
5. ガイドライン
6. システムの使い方
7. 演習（ロールプレイ含む）
```

ガイドライン*7では「相談員研修の主な項目」を挙げています（表 4-10）。

　表の中で SNS 相談ならではのものは，3 の「自殺対策に関連する社会資源」があります。自殺対策の SNS 相談では，SNS 相談での支援に加えて他の何らかの支援が必要な際には，相談者に適した社会資源につなぐことが重要です*8。そのためには，公的な支援機関を中心に，さまざまな社会資源を把握しておかなければなりません。つなぐという点においては，ソーシャルワーク的な側面といってよいでしょう。

　また，SNS 相談の相談者としては若者が多く，このため 4 の「若者を取り巻くインターネット環境」も踏まえておくのがよいでしょう。そして，5・6・7 は特に必須です。5 の「ガイドライン」については，第 2 章 3 をご参照ください。

　6「システムの使い方」については，SNS 相談では，カウンセラーはスマートフォンからではなく，PC から SNS 相談システムを使い相談を行います。これを支障なく使えるようにならないと，SNS 相談において相談者と

＊7　厚生労働省（2019）「自殺対策における SNS 相談事業（チャット・スマホアプリ等を活用した文字による相談事業）ガイドライン」（https://www.mhlw.go.jp/content/12200000/000494968.pdf）。本書第 1 章，第 2 章もご参照ください。

＊8　SNS 相談という相談手法の現時点での限界もありますが，自殺対策の相談という性質上，その方の抱えている問題の大きさや多様さがあるため，他の専門的な支援が必要な場合は少なくありません。このため，自殺対策の SNS 相談においては，他の支援につなぐのがよいかどうかのアセスメントは必須であり，そのうえで必要であるならば，他の支援につないでいくことが求められます。

スムーズにコミュニケーションをとり，相談することはできません。また，そもそものところとなりますが，SNS相談システムを使うためには，PCやネットの使い方の基本を身につけておかなければなりません。

7「演習」も欠かせません。対面や電話相談の経験はあっても，SNS相談の経験がなければ，研修なしでの実際の相談は困難となるでしょう。演習では，良い対応事例や悪い対応事例として，これまでの実際の事例も見ておくことが大変勉強になります。その際，メッセージのやり取りの内容だけではなく，やり取りのタイミングやテンポといった時間軸も，よく見ておきましょう。メール相談とは異なる，同時的*9な相談であるSNS相談の特徴についても，学ぶことができます。

ガイドラインには『別冊2　事例集』*10があり，13の事例を取り上げています。良い相談事例のみならず，悪い相談事例も載せています。さらに，ガイドラインと対応させた解説や，ポイントの説明もありますので，とてもよい勉強になるでしょう。

（2）SNS相談の基本スキル ————————————————

一般社団法人全国SNSカウンセリング協議会（第1章コラム参照）は，SNSカウンセラーに求められる能力要件を定めています。協議会では能力要件として三つ*11挙げていますが，そのなかの一つが，SNS相談の中核となる基本スキル（表4-11）です。カウンセラー教育においては，特に押さえておかなければならない点です。この基本スキルについては，第2章3（2）

---

*9　第2章の脚注*17を参照。

*10　掲載されている事例は，2018年3月の自殺対策SNS相談で対応した事例をもとに，個人が特定されないように，慎重にアレンジされています。

*11　全国SNSカウンセリング協議会では，SNSカウンセラーに求められる能力要件を，「心理カウンセラーが基本的に有する能力」「SNSカウンセラー養成講座で修得する能力」「その他の研修等で修得する能力」と，大きく三つに分類しています（https://smca.or.jp/sns-counselor/requirement/）。

表 4-11　SNS 相談の基本スキル

（1）SNS 相談にマッチした相談技術
　①共感的で支持的なメッセージをはっきりと言葉で伝える。
　②「感情の反射」よりも対話をリードする「質問」を行う。
　③情報提供・心理教育を積極的に行う。
　④問題の取り組みへの相談者の動機づけを高める。
　⑤相談者のテンポと文章量に波長を合わせる。
　⑥応答の行き違いやタイムラグを適切に取り扱う。
　⑦絵文字・スタンプを適切に利用する。

（2）SNS 相談の実施手順（SNS 相談のフローチャート）
　① SNS 相談のインフォームドコンセント
　② SNS 相談の始め方
　③ SNS 相談の進め方
　④ SNS 相談の終わり方

（一般社団法人全国 SNS カウンセリング協議会 HP より一部抜粋）

にて一部取り上げていますので，そちらもご参照ください。

（3）相談現場でのカウンセラーサポート ─────────────

　カウンセラー教育とともに必要なのが，相談現場でのカウンセラーサポートです。SNS 相談の教育を受けても，まだカウンセラーが不慣れな段階では特にサポートが必要です。現在の SNS 相談は，テレワークで行うことが多くなってきています。テレワークの場合，事務所内にてスーパーバイザー（以下，SV）やカウンセラーと一堂に会して行う相談とはまた違うため，テレワークで孤軍奮闘しているカウンセラーへのサポートは必須です。さらに，自殺対策の相談では，「死にたい」といった希死念慮の訴えも多くあり，困難事例やときに緊急対応もあるため，相談現場でのカウンセラーサポートが欠かせません。この役割を担うのは SNS 相談の SV です。

　また，SNS 相談では，相談に使う PC・インターネット・SNS 相談システムなどについてのサポートも，必要になることがあります。何らかの事情で

突然 PC が不調になったり，ネットがつながらなくなったり，SNS 相談システムに不具合が起こったり，予期せぬトラブルがあるためです。このため，ICT（情報通信技術）に長けたスタッフ，カウンセラー，そして専門業者のサポートが必要です。

　相談現場でのカウンセラーの対応をサポートする役割は主に SV ですが，加えて，緊急対応時など現場だけでは対応しきれない際に，組織の責任者らがさらに現場のサポートや応援ができる体制も必須です。

（4）継続研修，振り返り，フォローアップ，GSV，　　　個人 SV，事例検討会

　カウンセラー教育やカウンセラーサポートの方法は，他にもさまざまなものがあります。2018年 3 月より自殺対策の SNS 相談を始めた TMS にて，実施してきてたカウンセラー教育やサポートに関する取り組みの一部を，参考としてご紹介します。

①各種テーマ[12]の継続研修（リアル，オンライン，アーカイブ動画）
　カウンセラーが継続的に学んでいけるよう，毎月さまざまなテーマの研修を行っています。コロナ前はすべて事務所内での研修でしたが，コロナ後はオンラインでの研修がメインです。また研修を録画し，アーカイブした動画を一定期間視聴できるようにもしています。

②相談振り返り[13]
　相談シフト中に必要な際には，その場で SV と多少の振り返りを行ってい

---

[12]　これまで行ってきた研修テーマは，たとえば「緊急対応」「SNS 相談のスキル」「事例から学ぶ」「生活保護」「自傷行為」「社会福祉制度」「虐待」「子どもの支援」「被害者支援」「性被害」「LGBTQ」「自殺リスクアセスメント」「グリーフケア」「発達障害」「いじめ」「復職支援」「境界性パーソナリティ障害」「精神医療」「DV/ ハラスメント」「貧困」など多岐にわたります。

ます。加えて，困難事例やクレームなどがあった際には，さらに別途時間を取って，SV や相談責任者との振り返りをすることもあります。困難事例やクレームなどでは，カウンセラーの困り感も多くあります。そのため，SV や相談責任者としては，カウンセラーの学びとなるように，カウンセラーのサポートとなるように，さらに心がけて取り組んでいます。

③フォローアップグループ

　事務所で行っていたときには，困ったことがあると，その場ですぐに SV や他のカウンセラーに相談することができました。しかし，コロナ後のテレワークにおいては，SV やカウンセラーと ZOOM で常時接続しているとはいえ，また業務用チャットでの連絡もできるとはいえ，事務所内のときのようには素早く気軽に聞くことができません。そのため，気軽に相談などをできる場が必要と考え，毎月オンラインにて，SV や先輩カウンセラーが進行役となり，カウンセラーのフォローや相互支援を目的としたグループを開いています。

④グループスーパービジョン（GSV），個人 SV

　GSV では，何名かの SV が月替わりで担当し，実施しています。それぞれの SV が，参加者から，最近困難であったことや疑問・質問などに応えていくかたちで，カウンセラーの学びの場としています。個人 SV もカウンセラーの希望に応じて行っています。

⑤事例検討会

　年に数回，SNS 相談の事例検討会を行っています。

＊13　SNS 相談では相談履歴を SNS 相談システム内でそのまま確認できるため，振り返りを迅速かつ容易に実施できるという利点があります。

（5）カウンセラーのケア ―――――――――――――

　自殺対策のSNS相談においては，カウンセラーのケアが必要になることがあります。カウンセラーの懸命な努力にもかかわらず，相談者が自死してしまうことがあるためです。また，カウンセラーが相談者から執拗に攻撃を受けることもあります（第3章2も併せてご参照ください）。

　カウンセラーが健康でいるからこそ，「死にたい」といった多くの切実な声に応答する，自殺対策のSNS相談ができます。相談者に精一杯対応していくのがカウンセラーですが，カウンセラーに何かあれば，精一杯カウンセラーを守るのは当該組織の責任です。

　カウンセラーのケアにおいて第一に求められるのは，いち早くカウンセラーに対応することです。自死のケースがあった場合には，その相談を担当したカウンセラーに相談責任者はいち早く連絡し，心より労いつつ，現在のカウンセラーの状況や相談対応時のことなどについて確認します。そして，さらなるケアが必要であれば，そのことも話します。ときには相談シフトを少し休み，カウンセラーの休養の時間が必要になるかもしれません。あるいは，別途相談振り返りの時間を持つことが必要になるかもしれません。

　状況によっては，担当したカウンセラーだけではなく，カウンセラーと共に同じ相談シフトに入っていたSVや別のカウンセラーにも連絡をとります。さらに必要であれば，担当したカウンセラーと相談のうえ，勉強のために内部研修を実施することもあります。

　昨今，心理的安全性とよく言われますが，心理的安全性のあるしっかりと守られたなかで，人は持っている力を十二分に発揮できます。しっかりとカウンセラーを守っていくことなどを通して，カウンセラーに心理的安全性を実感してもらうことが何よりも重要です。そういった基盤無しには，まっとうな相談者支援をし続けていくことはできないと考えています。

COLUMN 4-1

SNS 相談による全国のセーフティネット
──話をちゃんと聞いて理解してくれる人がいる社会を作る

○ SNS 相談コンソーシアム

　2018年 3 月に厚生労働省が「自殺対策強化月間」の施策として開始した「SNS 相談事業」は，3 月単月で10,129件もの相談を実施し，その必要性の高さを確認しました。翌2018年 4 月からは，年間を通しての取り組みとなり，2022年度には，速報値71万件／年の相談者からのアクセスをいただき，そのうち27万件／年もの相談を受けるようになり，悩み相談の一つの社会基盤としての役割を担うようになりました。

　しかし一方で，相談アクセス数に対する相談対応実施の比率は40％未満[*14]でした。実に，相談したいと思い，アクセスした人の60％超もの人が，いくら待っても相談できないという課題を，依然として抱えています。

　厚生労働省の自殺対策としての SNS 相談事業を開始して 5 年目の2022年度，当時担当していた 5 団体（「あなたのいばしょ」「ライフリンク／生きづらびっと」「チャイルドライン」「BOND プロジェクト」「東京メンタルヘルス・スクエア／こころのほっとチャット」）の代表者が集まって，話し合う機会を作りました。それが「SNS 相談事業コンソーシアム」です。

　2 カ月に 1 回のペースで各団体の代表が集まり（新型コロナウィルス対策のため，ずっとオンラインでの実施でした），それぞれの団体の状況を確認し合い，共同で解決したいテーマを話し合っています。また，

＊14　27万件（相談対応数）÷71万件（相談者からのアクセス）≒38％。

この定例会議には，厚生労働省の「自殺対策推進室」のメンバーもオブザーバーとして参加いただき，情報交換の内容を省として把握していただくとともに，政府や他の省庁[*15]の動きなどの情報を共有していただき，広い視野で社会課題の解決のための施策を検討できるようになっています。

このコンソーシアムは，意見交換の場であることに加えて，もう一つ期待している効果があります。それは，60％超もの人からの相談をすぐに受けることができないという重要課題の解決です。

2023年現在，無料SNS相談は，厚生労働省の支援を受けている団体のみでなく，私たちが把握する限りでも，100例以上のSNS相談事業が，地方自治体からの委託で実施されています。しかし，そのなかには，せっかく相談活動しているにもかかわらず，周知がうまくいっていないため，あまり相談が来ていない事業も少なからず存在していると聞いています。カウンセラーが不足しているため，相談がたくさん来ているのに対応できていない団体と，カウンセラーがいるのに相談が来ない団体が，国内に混在しているのです。

同じ志を持つ団体が緩やかに協力するかたちを作り，それぞれの特徴に合わせて，必要とする方の相談を受けることができるようになれば，もっと多くの方の相談をお受けすることができるようになります。現在40％ほどしか応じることができていないSNS相談も，もっと多くの方とお話ができるようになるのではないでしょうか。

自殺対策のSNS相談を実施する団体が意見交換の場を作れたように，日本のSNS相談，電話相談，オンライン相談などを実施する団体が集まり，協力できるかたちを作ることはきっとできるはずです。

---

*15 厚生労働省の自殺対策として開始したSNS相談ですが，文部科学省の「子供のSOSの相談窓口」，外務省の「在外邦人向けSNS相談」，内閣官房の「孤独・孤立対策SNS相談」を兼ねるようになっています。

　SNS 相談コンソーシアムの仲間たちとも話し合い，そして他の場所で活動している団体とも話し合うことで，日本社会のなかに「いつでも安心して相談ができる場所」を作り上げたいと願い，これからも活動を続けていきたいと考えています。

COLUMN 4-2
自殺や自傷の旧 Twitter 削除・凍結の善し悪し

　インターネットの関連事件が起き，報道されると，インターネット・プロバイダなどが行う即時的な措置としては，関連したサイトの閉鎖です。90年代後半にドクター・キリコ事件[*16]が起きましたが，その際，関連したサイトは閉鎖されました。また，自殺関連サイト（自殺系サイト）が，一部を除いて閉鎖されました。

　こうしたサイトの閉鎖は，同種の犯罪が起きないようにすることが目的です。しかし同時に，「死にたい」と思っているユーザーたちの行き先を奪うことにもなります。そのため，やり取りが管理者に分からないように隠語が増えたり，ユーザーの一部が新たに自殺系サイトを開設するという，イタチごっこが起きました。

　そもそも，自殺系サイトというのは，自殺を誘発するサイトのみを指すわけではありません。自殺に関する統計やデータ，新聞記事，学術論文を掲載するサイトもあります。ときには，自殺の手段についての情報を掲載しているサイトもあります。また，自殺願望のあるユーザーが書いていた日記サイト，「死にたい」と思っている人同士が交流する電子掲示板やチャット，あるいはこれらの要素が絡み合ったサイトなどがあります。そのため，一口に自殺系サイトといっても，多種多様なものがあります。

　「死にたい」と思っているユーザーが，自発を誘発するサイトだけに行くわけではありません。希死念慮があるユーザーは，ときには「死にたい」と思いながらも，「死にたくない」「生きたい」と思っているときもあります。さらに，「死にたい」とは思っても，今すぐには死ねませ

---
*16　第1章2ページ参照。

ん。だからこそ，死にたい人たちとの交流をすることで，なんとか生き
ています。そのためのサイトもあったりします。自殺系サイトがあるか
らこそ，なんとか生きていられるというユーザーの存在は無視できませ
ん。だからこそ，自殺系サイトの閉鎖は居場所を奪うことになるので
す。

　自殺系サイトの閉鎖が相次いだり，閉鎖すべきという論調が強まるた
びに，筆者は「サイトを削除しないでほしい」というユーザーの声を紹
介することがあります。たとえば，90年代後半のドクター・キリコ事件
や，2003年からのネット心中の連鎖，2007年からの硫化水素自殺の連
鎖，2017年の座間 9 人殺害事件。それらの事件の後は，必ずと言ってい
いほど分かりやすい自殺関連のコンテンツとして，自殺系サイトや自殺
に関連する SNS の内容についての閉鎖や削除を求める声が出てきま
す。しかし，そのとおりに閉鎖や削除をしても逆効果であることは，常
に発信しています。

　自殺で亡くなったユーザーの行動を見てみると，自殺サイトを見てい
たり，自殺に関連する情報をつぶやいているアカウントへのアクセス
が，確認できたりするケースがあることは確かです。だからとって，自
殺系サイトにアクセスしなかったり，自殺に関連するつぶやきをしてい
るユーザーとの交流がなければ自殺をしなかった，という論拠を証明す
ることはできません。そもそも，自殺関連情報のみをもって，人が自殺
する可能性は極めて少ないです。

　もちろん，民間サービスが利用規約などで，自殺や自傷に関する関連
情報（自殺関連情報）について，何らかの規制をすることもあります。
たとえば，旧 Twitter では，「自殺や自傷行為に関するポリシー」[17]を発
表しています（図 4-1）。旧 Twitter では，自殺を「自身の命を自ら絶

＊17　旧 Twitter「自殺や自傷行為に関するポリシー」（https://help.twitter.com/
　　ja/rules-and-policies/glorifying-self-harm）。

自殺や自傷行為を助長または推奨することはできません。

　Twitter では，自殺や自傷行為は，公的機関や私的機関，そして市民社会といったすべての利害関係者間の協力が必要とされる，公衆衛生上の重大な課題であると認識し，また Twitter は，ユーザーが支援を受けられるようにする役割と責任を負っていると考えています。

　このポリシーを策定するにあたり，Twitter は幅広く専門家の助言を仰ぎ，過去に自傷行為を行ったり，自殺願望を持ったりしたことのあるユーザーが，そうした個人的体験を共有できるようにしています。また Twitter では，故意か不注意かにかかわらず，自傷行為を助長または教唆する可能性のあるコンテンツを閲覧することで発生するおそれのある危害から，ユーザーを保護する必要があるとも考えています。自傷行為や自殺の願望を持っている人に対して，自傷行為の助長や教唆を行ったり，ほう助したりするコンテンツが Twitter ポリシーで禁止されているのはそのためです。

図4-1　旧Twitter の「自殺や自傷行為に関するポリシー」より一部抜粋

つ行為」とし，自傷行為を「自身の身体を傷害する行為（切創など）」としています。また，自傷行為には「摂食障害（過食症，拒食症など）」も含めています。

　仮に「助長」や「推奨する」とはどういうことでしょうか。このポリシーでは，「最も効果的な～」「最も簡単な～」「最も優れた～」「最も成功率が高い～」「～すべき」「～しませんか」などの表現を指しています。

　一方で，違反にならない例として挙げているのは，「自傷行為や自殺に関連する身の上話や個人的な体験談の共有」「自傷行為や自殺の願望に対する対処メカニズムやリソースの共有」「自傷行為や自殺の防止に関連する調査，擁護，教育に焦点を当てた会話」です。ただし，「自傷行為に関連する特定の方法の詳細を共有することは，意図せずともそのような行動を促すことになりかねないため，絶対にお止めください」としています。体験の共有はよいですが，具体的な情報の共有は推奨されていません。

　2023年2月，福岡市西区の海岸で男性（26歳）の絞殺遺体が見つかり

ました。この事件の容疑者は，大阪市の男子高校生（17歳）でした。男性が SNS で一緒に自殺する人を募集し，それに男子高校生が応じたとされたことが発端とされています。ネット心中の応募が，結果として殺人に発展しました。男子高校生は「ロープで首を絞めたのは間違いない」「一緒に自殺するつもりだった」と供述したといいます。

　この SNS が旧 Twitter かどうかは明らかにはされていませんが，もし旧 Twitter だとしたら明らかに「ポリシー」に反するため，投稿は削除対象になり得ます。しかし，そうした投稿が多すぎて，削除が追いついていないのです。

　また，仮に投稿が削除対象になったとしても，かえって隠語が増えるだけではないかと筆者は思っています。かつて，出会い系サイト等での援助交際を抑止するために，ストレートな表現での投稿が削除対象になりました。しかし，「穂別苺（ほべついちご＝ホテル代別で15,000円）」などの隠語が溢れかえりました。メッセージでは電話番号を教えられないという設定になれば，電話番号をさらに暗号化していくなど，イタチごっこになります。

　2023年4月，旧 Twitter 上で，ある女子高生の自殺の配信動画が一時期拡散されていました。しかし，しばらく経つと，その動画を掲載したツイートが削除されていました。さすがに生々しく，衝撃的，かつ具体的な方法を示していた動画だったことも原因ではあるでしょう。

　削除されたのはこの動画だけではありません。亡くなった女子高生をフォローしていた，別の女子高生と思われるアカウントも凍結されました。その女子高生は凍結される前に，自分も死のうと決意したかのようなつぶやきをしていました。通常であれば，その程度のツイートでは，削除や凍結の対象にならない内容でしたが，亡くなった女子高生をフォローしていたこともあり，何かしらの配慮があった可能性があると筆者は見ています。

　アカウント凍結の影響もあります。そのアカウントをフォローしていた別のユーザーは,「いなくなっちゃうと不安です。死んじゃだめなんて言えないのに，生きていて」とつぶやくなど，他のユーザーが不安定になっていきます。削除や凍結は，これまでつながっていた人を不安にさせるのです。旧 Twitter の運営会社が良かれと思ってする行為が，さらに自殺や自傷行為を助長しかねないのです。

　こうした意味では，すでに自殺情報にアクセスし，自殺関連情報をつぶやく他のユーザーとつながっていることを前提に，自殺対策を考えなければなりません。

第 **5** 章

原因別にみる自死と法律問題

1 自死の原因の概要（調査結果）

　厚生労働省・警察庁が2023（令和5）年3月14日にまとめた「令和4年中における自殺の状況」[*1]によると，2022（令和4）年の自殺者総数（21,881人）のうち，原因・動機が特定できた人は19,164人であり，その内容は，「健康問題」（12,774人），「家庭問題」（4,775人），「経済・生活問題」（4,697人），「勤務問題」（2,968人），「交際問題」（828人），「学校問題」（579人），「その他」（1,734人）となっています[*2]。

　この統計については，「事前に設定された（中略）などの項目群から，警察官が判断し，選択したものであって，正確性を欠くという限界がある」（松本，2015, p.109）との指摘もありますが，ここでは原因にまつわる法的問題を検討することが目的なので，統計の妥当性については深入りしません。以下，「職場における過労死」「経済苦による自死」「いじめによる子どもの自死」「恋愛苦による自死」について，法的な考え方や裁判例を解説します。

2 職場における過労死

　ここでは，以下の事例で解説していきます。

[*1]　https://www.npa.go.jp/safetylife/seianki/jisatsu/R05/R4jisatsunojoukyou.pdf
[*2]　四つまで計上可能なため，合計が19,164人を上回っています。

【事例】

　代々木さんは，ある居酒屋店舗の店長として働いています。その店舗は東京の繁華街にあり，24時間営業の店舗でしたが，コロナ禍で一時期，22時には閉めていました。しかし，最近はお客さんが増えてきたので，24時間営業に戻すよう本社から指示がありました。

　ところが，急に24時間に戻したことからアルバイトが足りず，仕方なく店長である代々木さんが空いてしまったシフトを埋めるかたちで働き続けました。その結果，代々木さんは休日返上で働き続け，毎月100時間を超える時間外労働をしていました。また，代々木さんが1人で店舗を回さないといけない時間帯が増えたことから，注文ミスなどが増えて，店舗の業績が落ち込むようになりました。代々木さんはこのことで毎月本部から呼び出されて，幹部の前で厳しい叱責を受けるようになりました。

　そのうち，代々木さんは食事も喉を通らなくなり，趣味だったデッサンもやる気がなくなり，仕事が終わり家にいても，仕事が頭から離れなくなってしまいました。朝もなかなか起き上がれず，「死んだほうが楽かもしれない」という不吉な考えがふと頭をよぎっては別のことを考えるという状態でしたが，忙しすぎて医者には行けずじまいでした。

　X年5月8日，ゴールデンウィークで混雑していたこともあり，代々木さんは仕事でミスを重ねてしまいました。それを幹部から厳しい叱責を受けた直後，前を通り過ぎようとしていた電車に飛び込んで，自殺してしまいました。

　その後，代々木さんの母親は悔しい気持ちを聴いてもらうため，カウンセラーの電話相談に電話をかけました。電話相談のなかで母親は，「息子は，本当は死にたくなかったのです。仕事が原因だと誰かに認めてもらわれなければ息子は浮かばれないです」と，涙ながらに語りました。

　近年，会社で働く労働者の精神疾患が急増しており，それを理由とする労災申請数も増加傾向にあります。うつ病や統合失調症，適応障害を理由とするものが大半ですが，特にうつ病は希死念慮があり，発病した結果として自殺（自死）してしまうケースも，残念ながら多くあります。

　労働者が労働災害によって自死した場合，事業主側は民事上の損害賠償や災害補償などをしなければならない可能性があり，また，労働災害が事業主側の労働基準法・労働安全衛生法違反によって生じた場合は，業務上過失致死罪に問われる可能性もあります[*3]。

（1）過労死・過労自殺とは ─────────────────────

　過労死とは，読んで字のごとく，労働のしすぎによって死に至ることをいいます。過労死弁護団全国連絡会議の定義によれば，「仕事による過労・ストレスが原因の一つとなって，脳・心臓疾患，呼吸器疾患，精神疾患等を発病し，死亡に至ること」[*4]とされ，また，過労自殺については「過労により大きなストレスを受け，疲労がたまり，場合によっては『うつ病』など精神疾患を発症し，自殺してしまうこと」（同弁護団ホームページ）[*5]とされます。世界的にも，「KAROSHI」という日本語がそのまま英語として使用されるなど，悪い意味で注目されています。

　過労死・過労自殺は，後述する労災に該当する場合には，ご遺族（配偶者等）に年金や一時金，葬祭料等が給付されます。また，過労死等をすることを企業が予見できたような場合には，事業主側に対して損害賠償等を請求することもできます（後述）。

───────────────
*3　刑法211条第1項。

*4　過労死等防止対策推進法2条は，「過労死等」の定義として，「業務における過重な負荷による脳血管疾患若しくは心臓疾患を原因とする死亡若しくは業務における強い心理的な負荷による精神障害を原因とする自殺による死亡又はこれらの脳血管疾患若しくは心臓疾患若しくは精神障害をいう」としています。

*5　https://karoshi.jp/index.html

（2）労災手続について ───────────────

①労災とは

　労災とは労働災害の略であり，簡単にいえば，労働（業務）によって起きた怪我や疾病，傷害，死亡などを指します。労災に該当する場合は，国から保険によって必要な給付（休業補償，療養補償等）がなされます（この仕組みを「労災保険制度」といいます）。労災保険制度は，原則として一人でも労働者がいる会社であれば適用され，業種や規模などは関係ありません[*6]。

　労災は，当事者本人かそのご遺族が，勤務していた事業所を管轄する労働基準監督署に申請することになります。労災申請後は，労災申請時に提出された資料だけでなく，事業主側に対して関係資料の提出を求め，被災当事者や同僚等の関係者からの聞き取りを行って，傷病や自殺が業務によって発生したものか[*7]を判断します。また，カルテや診療録等を取り寄せ，被災時に労災保険法上の対象疾病を発病していたかを判断し，最終的に支給決定もしくは不支給決定が出されることになります。

　労災申請から何らかの結論が出されるまでの標準処理期間としては，災害や給付の種類によって1〜8カ月の範囲で定められていますが[*8]，実際は8カ月以内に出ることはほとんどなく，結論が出るまでに1年間もしくはそれ以上かかっている事案が多いです。

　なお，労災申請にも時効があることに気をつけなければなりません。具体的には，療養補償給付と休業補償給付は2年，遺族補償給付は5年と定められており，申請は時効にかかるまでに行う必要があります[*9]。また，労災

＊6　労災保険法3条1項。
＊7　これを「業務起因性」といいます。
＊8　平成25年10月1日基労管発1001第2号／基労補発1001第2号／基労保発1001第2号『労働基準法施行規則の一部を改正する省令の施行に伴う事務連絡の改正について』（https://www.mhlw.go.jp/web/t_doc?dataId=00tc0176&dataType=1&pageNo=1）。
＊9　労災保険法42条。

申請ができるのは労災保険法上の「労働者」に限られますが、これはたとえば形式的に取締役や業務委託とされていれば申請できなくなるわけではなく、会社の指揮命令下に置かれているかなどを客観的に検討したうえで「労働者」か否かが決せられますので、自身が役員扱いされている場合や業務委託扱いされている場合でも諦めずに相談しましょう。

②認定基準*10について

　上記で、業務起因性がある場合に労災が認められることを説明しましたが、実際の労災実務では、労災申請を迅速かつ機械的に処理するために、業務起因性の判断にあたって、病気の発病前概ね6カ月以内の業務による出来事を評価して、心理的負荷の程度を判断するという手法が取られています。その際に、「心理的負荷による精神障害の認定基準」の「業務による心理的負荷評価表」（表5-1）が用いられていますので、参考にしてみてください。

③不服申立手続

　労働基準監督署長の判断（主には労災不支給決定処分）に不服がある場合は、処分通知があったときから3カ月以内に審査請求が可能です*11。また、審査請求の結果に不服がある場合は、決定書の送付された日の翌日から2カ月以内に再審査請求が可能です*12。

　さらに、労働基準監督署の決定に不服がある場合には、裁判所へ不支給決定の取り消しを求めることも可能です（取消訴訟ともいいます）。取消訴訟では、裁判所は認定基準に拘束されるわけではないので、労基署で認められないケースでも認めてくれることがあります。

---

*10　労災では精神障害と脳・心臓疾患では異なる基準が用いられていますが、本書は自殺対策に特化したものなので精神障害に絞って解説しています。

*11　労災保険法38条1項。

*12　労災保険法38条1項、労働保険審査官及び労働保険審査会法38条1項。

表5-1　業務による心理的負荷評価表（一部抜粋）

具体的出来事	心理的負荷の強度を「弱」「中」「強」と判断する具体例
多額の損失を発生させるなど仕事上のミスをした	【「中」である例】 ・会社に大きな損害を与えるなどのミスをしたが，通常想定される指導等を受けたほかは，特段の事後対応は生じなかった ・業務上製造する製品の品質に大きく影響する，取引先との関係に大きく影響するなどのミスをし，事後対応にも当たった（取引先からの叱責，ペナルティを課された等も含む） ・多額の損失等を生じさせ，何らかの事後対応を行った
顧客や取引先から対応が困難な注文や要求等を受けた	【「中」である例】 ・業務に関連して，顧客や取引先から対応が困難な注文（大幅な値下げや納期の繰上げ，度重なる設計変更等）を受け，何らかの事後対応を行った ・業務に関連して，顧客等から納品物の不適合の指摘等その内容は妥当であるが対応が困難な指摘・要求を受け，その事後対応に従事した ・業務に関連して，顧客から対応が困難な要求等を受け，その対応に従事した
1か月に80時間以上の時間外労働を行った	【「中」である例】 ・1か月におおむね80時間以上の時間外労働を行った
上司等から，身体的攻撃，精神的攻撃等のパワーハラスメントを受けた	【「強」である例】 ・上司等から，治療を要する程度の暴行等の身体的攻撃を受けた ・上司等から，暴行等の身体的攻撃を反復・継続するなどして執拗に受けた ・上司等から，次のような精神的攻撃等を反復・継続するなどして執拗に受けた ▶ 人格や人間性を否定するような，業務上明らかに必要性がない又は業務の目的を大きく逸脱した精神的攻撃 ▶ 必要以上に長時間にわたる厳しい叱責，他の労働者の面前における大声での威圧的な叱責など，態様や手段が社会通念に照らして許容される範囲を超える精神的攻撃 ▶ 無視等の人間関係からの切り離し ▶ 業務上明らかに不要なことや遂行不可能なことを強制する等の過大な要求 ▶ 業務上の合理性なく仕事を与えない等の過小な要求 ▶ 私的なことに過度に立ち入る個の侵害 ・心理的負荷としては「中」程度の身体的攻撃，精神的攻撃等を受けた場合であって，会社に相談しても又は会社がパワーハラスメントがあると把握していても適切な対応がなく，改善がなされなかった ※性的指向・性自認に関する精神的攻撃等を含む。
同僚等から，暴行又はひどいいじめ・嫌がらせを受けた	【「強」である例】 ・同僚等から，治療を要する程度の暴行等を受けた ・同僚等から，暴行等を反復・継続するなどして執拗に受けた ・同僚等から，人格や人間性を否定するような言動を反復・継続するなどして執拗に受けた ・心理的負荷としては「中」程度の暴行又はいじめ・嫌がらせを受けた場合であって，会社に相談しても又は会社が暴行若しくはいじめ・嫌がらせがあると把握していても適切な対応がなく，改善がなされなかった ※性的指向・性自認に関するいじめ等を含む。
セクシュアルハラスメントを受けた	【「中」である例】 ・胸や腰等への身体接触を含むセクシュアルハラスメントであっても，行為が継続しておらず，会社が適切かつ迅速に対応し発病前に解決した ・身体接触のない性的な発言のみのセクシュアルハラスメントであって，発言が継続していない ・身体接触のない性的な発言のみのセクシュアルハラスメントであって，複数回行われたものの，会社が適切かつ迅速に対応し発病前にそれが終了した

　たとえば，国・静岡労基署長（日研化学）事件[*13]では，上司から「存在が目障りだ」「殺すぞ」「給料泥棒」と数カ月間にわたって言われていたケースで，労基署段階では不支給だったものが，訴訟では「上司の言動により，社会通念上，客観的にみて精神疾患を発症させる程度に過重な心理的負荷を受けており，他に業務外の心理的負荷や原告の個体側の脆弱性も認められないことからすれば，原告は，業務に内在ないし随伴する危険が現実化したものとして，上記精神障害を発症したと認めるのが相当である」として，労災であることを認めた事例もあります。

④証拠の確保

　実際の事件では，ご遺族の手元に証拠がないことがほとんどです。労災と認められるためには，長時間労働をしていたことや，上司から叱責されたことなどを証明しないといけません。証拠の代表例は，タイムカードや業務日報，ログオンログオフ記録，入退館記録，業務メールなどですが，本人であればともかく第三者が証拠を集めるのは至難の業です。

　相談者からどのようにすればよいか聞かれた場合，まずは会社の同僚など頼みやすい人に，タイムカードや業務日報などを取り寄せすることをお願いしてみてください。弁護士から提出するよう要請すると，相手も警戒するため，まずはご遺族本人から資料請求するのが一般的だと思います。

　任意のお願いでは難しい場合には，証拠保全手続というものがあります。証拠保全手続は会社が証拠隠しなどを行いそうな場合などに，予告なしで会社に裁判官とともに訪れて，証拠を提出させる手続で，かなり効果的です。

⑤事例をもとに

　では，前記事例の場合，労災申請をするとどうなるのでしょうか。

　まず，ご遺族が所定の様式に記入して，管轄の新宿労基署に申請を出すこ

[*13]　東京地裁平成19年10月15日判決。

とになります。その後，ご遺族が出した資料や会社から出てきた資料，労基署が関係者からヒアリングをした内容を踏まえて，自殺が業務上の原因で発生したものかを判断します。

　事例では，①毎月100時間以上の時間外労働[*14]があること，②本社から呼び出されて厳しい叱責を受けている[*15]ことから，認定基準上も「業務起因性がある」と認められると思われます。

　また，本件は医者にかかっているわけではないので，精神障害が発病されていたかが明らかではありません。その場合は，WHO が定めた国際疾病分類（ICD-10）に基づき，自殺前の代々木さんの行動などから，何らかの精神障害が発病していたかを確認しますが，食欲がなくなり趣味もできなくなっていること，死にたいと思うようになっていること，仕事が頭から離れないことから，うつ病ないしうつ状態と判断される可能性が高いです。

　以上から，代々木さんは業務によってうつ病等を発症し，それが原因で自殺に至っていることになるので，労災申請が認められると思われます。労災が認められれば，遺族補償年金，遺族特別支給金，遺族特別年金，葬祭料などを受け取ることができます。

（3）会社への請求

　労災が認められた場合には，事業主（会社）に対して請求をしていくことが考えられます。主には，民事損害賠償，謝罪，再発防止措置などになるかと思います。また，会社によっては社内規程で独自の補償制度を設けている場合もあり，その場合は補償も請求します。

　本項では，このなかで最も金額が高く，最も争点になりやすい民事損害賠

---

*14　具体的には，認定基準「仕事内容・仕事量の（大きな）変化を生じさせる出来事があった」「1 カ月に80時間以上の時間外労働を行った」に該当。

*15　具体的には，認定基準「上司等から，身体的攻撃，精神的攻撃等のパワーハラスメントを受けた」「達成困難なノルマが課された」に該当。

償に絞って解説をします。

①民事損害賠償について

　民事損害賠償については，いくつかの根拠があります。大きく分けると，
①不法行為，②債務不履行の二つになりますが，①のなかでも不法行為*16,
使用者責任*17に分けることができます。

　以前は消滅時効の長さの関係で，債務不履行構成のほうが有利であると言
われていましたが，最近の民法改正によって，債務不履行構成でも原則とし
て消滅時効が5年*18となり，不法行為構成でも生命身体に対するものは5
年が時効*19となったため，大きな違いはなくなりました。

②過失（予見可能性・結果回避可能性）

　債務不履行構成にせよ不法行為構成にせよ，民事損害賠償請求をするため
には，疾病が業務によって発生しただけでは足りず，当該業務から疾病に罹
患することについて，故意または過失が必要とされます。

　実際は故意があるケースは稀で，過失が争点となる事案がほとんどです。
過失については，結果を予見できたこと（予見可能性），何らかの手立てを
とれば結果を回避できたこと（結果回避可能性）が必要とされます。

　裁判例では，現場作業員として働いていた労働者が，長時間労働で自殺し
てしまったケースで，「亡Aの労働状況を的確に把握し，これを踏まえて，
亡Aの心身に業務の遂行に伴う疲労や心理的負荷等が過度に蓄積して労働
者の心身の健康を損なうことのないよう注意し，適切な措置を講ずべき義務
があった」（札幌地裁令和3年6月25日判決）として，予見可能性を肯定し
た例が参考となります。

＊16　民法709条。
＊17　民法715条。
＊18　民法166条1項。
＊19　民法724条の2。

　事例のケースでは，代々木さんの働き方をすればうつ病となるであろうこと，会社として休日を取らせるなどの措置を取らせれば，うつ病となることが回避できたことが問われることになりそうです。しかし，最高裁はそこまで要求せず，就労環境に照らして当該労働者の健康状態が悪化するおそれ，つまり過重労働やハラスメント行為について会社として認識できたといえれば，予見可能性は肯定されると判断しています[20]。そのため，代々木さんが100時間を超える労働をしていたこと，厳しい叱責をしていたことについて会社が認識していれば，予見可能性は肯定されると思われます。

③損害その他

　請求できる損害については，事例の死亡したケースでは，積極損害（葬儀費用等），消極損害（逸失利益），慰謝料（死亡慰謝料，遺族慰謝料）ということになります。

　事例のケースでの労災との違いは，主に慰謝料の有無にあります。労災では慰謝料は支給されませんので，慰謝料を請求したい場合は，民事損害賠償請求を選択することになります。また，労災では休業補償が約6割程度しか支給されないことから，死亡していないケースで残りを請求する場合は，民事損害賠償請求をしなければなりません。

　なお，労災と民事損害賠償請求のどちらを先に行うかについては悩ましいところですが，上記②の要件（過失）が不要となる労災を先行させて，労災認定後に会社に民事損害賠償請求をすることが一般的です。

　このほかに，民事損害賠償請求の場合は，労働者側に過失があったり，もともと精神疾患を有していた場合などは，過失相殺や素因減額（第3章4（1）②参照）を理由に，賠償額がいくらか削られてしまう可能性があります。

　いずれにせよ，労災申請手続や民事損害賠償請求は，法律学だけでなく医

---

*20　東芝事件・最高裁平成26年3月24日判決。

学も複雑に絡まってきますので，迷ったら専門家に相談してください。

3　経済苦による自殺

ここでも，以下の事例で解説していきます。
【事例】

> 　Ａさんは奨学金を借りて大学を卒業し，３年前から社会人として働いていますが，コミュニケーションが苦手で，これまで３回転職しています。また，一人暮らしで実家に仕送りもしているため，預貯金はほとんどなく，常に経済的な不安感を抱えていました。
>
> 　ある日，Ａさんは，高校時代の友人Ｂさんから久しぶりに会わないかと誘われ，喫茶店で会うことになりました。喫茶店には，Ｂさんのほかに，高級そうなスーツを着こなしている30代くらいの男性Ｃさんがいました。
>
> 　Ｂさんは，Ｃさんを通じて暗号資産へ投資したところ，毎月10万円以上の配当があると興奮気味に話していました。Ａさんが戸惑っていると，Ｃさんは「絶対儲かりますよ！　今まで損をした人はいません」と，自信に満ちた笑顔で語りかけてきました。Ａさんは「お金がない」と告げると，Ｃさんは消費者金融から借りるようアドバイスしたので，Ａさんはその日のうちに４社を回って，合計200万円を借りて，そのお金をＣさんに預けました。
>
> 　投資経過は専用のアプリで見ることができ，Ａさんの投資額は順調に増えていました。２カ月後，消費者金融へ利息を払うために一部引き出したいとＣさんへ依頼したところ，１年間は引き出せない契約になっていると告げられました。Ａさんが抗議すると，Ｃさんは「誰か紹介してくれたら，紹介料を払いますよ」と答えました。Ａさんは，とにかくお金が必要だったので，職場の同僚Ｄさんを紹介して，Ｃさんから紹

介料を受け取りました。

　しかし3カ月後，アプリを開くと「取引停止」と表示され，Bさんと Cさんとは連絡がつかなくなり，Aさんは途方に暮れていると，Dさん から「あなたのせいで損をした！　お金返して！」と，厳しく責められ ました。Aさんはとにかく少しでもお金を工面しようと必死になり， LINEを通じてすぐにお金を貸してくれる業者（いわゆるLINE闇金） から，10万円を借りました。その際，相手からの指示で，運転免許証の 画像，電話帳（友人や家族の氏名電話番号）の画像を提供しました。

　10日後，返済ができなくなると，LINE闇金から「無視するな！」「自 宅の場所は分かっているんだぞ！」「弁護士に相談したら電話帳の番号 にかけまくるからな！」と，脅迫的なメッセージが届くようになりまし た。Aさんは精神的に追い詰められて仕事も無断欠勤を繰り返したとこ ろ，会社から退職を促されてそれに応じました。

　Aさんはアパートに引きこもり，もう死ぬしかないと考えて途方に暮 れました。インターネットで死ぬ方法を検索していたところ，SNS相 談の窓口が表示されたので，最期に愚痴を聞いてもらおうと思い，アク セスしました。

（1）経済苦に対する法制度

　事例のAさんのように，お金の問題によって自殺を考えるまでに，精神 的に追い込まれることがあります。経済的に困窮状態となった場合，それに 対処するためにいくつかの法制度があります。代表的なものは「自己破産」 で，これは裁判所の手続きによって借金を免除してもらう制度です。そし て，借金が無くなったとしても生活再建が難しい場合は，行政に対して「生 活保護」を申請することになります。

　ここでは，「自己破産」と「生活保護」について，カウンセラーの皆さん に知っておいていただきたい知識を中心に解説します。

（2）自己破産 ─────────────────

①制度の概要

　自己破産とは，借金が膨らんで生活が成り立たない状態（いわゆる自転車操業状態）に陥った場合，裁判所へ申し立てることで，返済義務を免除してもらう制度のことです。さまざまな書類を作成して提出する必要がありますので，弁護士に依頼したほうが無難です。

　弁護士に依頼した場合の流れは，まず弁護士から消費者金融などの債権者に対して，「弁護士が受任したので，本人へ請求したり連絡したりしないでください」と通知を出します。この通知によって督促が止みますので，精神的に一息つくことができます。事例のように違法な貸金業者（闇金）であっても，弁護士が介入して督促を止めることができます。

　一息ついた後，書類を作成して裁判所へ提出します（数カ月かかることが一般的です）。裁判所へ書類を提出した後は，内容や地方によって異なりますが，破産管財人（弁護士）と面談して事情を説明する，その後裁判所へ出廷する，という流れです。いずれにせよ，依頼した弁護士が同席してくれますので，不安に思わなくても大丈夫です。

　手続きが順調に進むと，裁判所が「免責許可決定」を出してくれます。この免責許可決定によって，借金を返す法的義務が消滅します。

②費用

　状況によって異なりますが，弁護士費用として40万円程度，裁判所へ納める費用として20万円程度かかることが一般的です。「破産する人はお金に困っているのに，どうやってお金を工面するのか」との疑問が生じると思いますが，分割払い（これまで借金返済に回していたお金を，弁護士費用や裁判費用に回す）や，法テラス[*21]の利用によって対応可能です。いずれにせよ，個人の破産では，「お金がないから破産できない」という心配は無用で

す。

　また，自己破産しても身ぐるみはがされるわけではなく，家財を売却する必要はありませんし，手元に最大99万円まで現金を残すことができます。働いているのであれば，給料はそのまま自由に使うことができます。

③注意点

　自己破産は，いわば「借金をチャラにする＝債権者に泣いてもらう」制度ですので，その代わり，すべての債権者を平等に扱うという厳格な公平さが求められます。たとえば，「消費者金融からの借金はチャラにしたいけど，親友から借りたお金は返す」ということはできませんので，注意が必要です。

　また保証人がいる場合，もともとお金を借りた人が破産すると，保証人が代わりに返済する義務を負います。保証人も返済ができない場合，保証人も自己破産する必要があります。そのため，「父親が連帯保証人だけど，絶対迷惑をかけたくない」という場合，注意が必要です。

　そして，自己破産すると，いわゆる「ブラックリスト」に載りますので，数年間（5〜7年程度）は新しくクレジットカードを作ったり，ローンを組んだりすることはできなくなります。

　なお，自己破産になっても，巷で言われるほど不利益はありません。一定の職種（警備員，生命保険募集人，宅地建物取引士など）は，資格制限を受けますが，一般の会社員や公務員はそのまま勤めることできます。また，周囲の人に破産したことが知られてしまうわけではありません（『官報』という政府が発行する紙面に一定期間掲載されますが，一般の人が目にすることは稀です）。

---

*21　法テラスを利用すれば，弁護士費用は法テラスが立て替えてくれます。立替金は無理のない範囲で分割返済します。生活保護受給中など一定の要件を満たせば立替金の返済義務も免除されます。

④ギャンブル依存症，買い物依存症など

　ギャンブルや収入に見合わない買い物を繰り返して借金を作った場合でも破産（免責）を許すことは，お金を貸した側からすると不公平です。そこで破産法は，「浪費又は賭博その他の射幸行為をしたことによって著しく財産を減少させ，又は過大な債務を負担した」という事由がある場合には，免責許可を出さないと規定しています*22。浪費の典型例は，高級店での飲食費，宝飾品やブランド品購入，高額な自己啓発セミナー受講，投資目的の不動産購入などです。賭博（ギャンブル）の典型例は，競馬，競輪，競艇，パチンコ，パチスロ，FX取引などです。

　ただし，一見すると無茶なお金の使い方であっても，その背景には「依存症」など，本人を責めるのは酷な事情がある場合もあります。事例のAさんも，消費者金融から1日で200万円を借りたことや暗号通貨（仮想通貨）に投資したことは，「過大な債務」と評価されますが，Aさんは騙された被害者とも言えるので，破産できない（免責されない）となるのは酷でしょう。

　そのような場合，破産法は，さまざまな事情を考慮して免責許可の決定をすることができると規定し*23，これを専門用語で「裁量免責」といいます。

　これについて，裁判官が執筆した解説書（永谷ら，2020）では「一般論として，①免責不許可事由に該当する行為を行ったことが精神的疾患に起因する場合や，違法業者などから指示されて破産法252条1項2号の不利益処分に当たる行為を行った場合，②破産管財人に対し，破産財団に属する財産に係る情報を開示し，あるいは破産財団に属する財産である不動産や貸金・売掛金債権等の処分・回収などの管財業務に協力的であるなど破産財団の増殖に協力をした場合，③浪費や射幸行為が問題となっている事案では，債務総額における当該行為に関する支出の程度が過大でなく，それらの行為をやめ，経済生活を立て直している場合，④破産者が生活保護を受給している，

---

*22　破産法252条1項4号。
*23　破産法252条2項。

精神的疾患に罹患している，高齢で年金のみが収入源となっているといった場合は，免責許可が認められやすい傾向にあるということができる」（p. 600）と指摘しています。

　すなわち，一見すると無茶苦茶なお金の使い方をしているケースであっても，巧妙な手口で騙された場合や，ギャンブル依存症など精神疾患に起因している場合で，かつ再発防止に前向きに取り組んでいるのであれば，免責許可を得られる可能性があります[*24]。

（3）生活保護

①申請の概要

　行政の窓口で生活保護を申請すると，次のような調査が行われます。

- ●生活状況等を把握するための実地調査（家庭訪問等）
- ●預貯金，保険，不動産等の資産調査
- ●扶養義務者による扶養（仕送り等の援助）の可否の調査
- ●年金等の社会保障給付，就労収入等の調査
- ●就労の可能性の調査

　申請が認められるためには，「最低生活費」という基準があり，収入が基準以下であれば生活保護を受給できます。たとえば，東京都内在住，20代，1人暮らしの場合，約13万円となります。アルバイトなど少し収入があれば，最低生活費に足りない差額が支給されます。

②支給内容

　生活保護費は，基本的な生活費（生活扶助）と家賃（住宅扶助）が中心で

---

*24　実際にも99％近くは免責が認められていますので（「平成30年の破産事件概況」『金融法務事情』2110号），騙されて借金を負った場合や，ギャンブル依存症の場合であっても，裁量免責される可能性はあります。

すが，世帯員の状況によって，教育扶助，医療扶助，介護扶助，出産扶助，葬祭扶助，生業扶助が加算されます。

　都内在住の場合は，住宅扶助5万3,700円，生活扶助約7万8,000円の合計約13万円となります（もし成人2人暮らしであれば，合計約19万円となります）。

　病院代（医療扶助）は，福祉事務所から病院へ直接支払われます。なお，生活保護受給中は国民年金保険料は支払い免除となり，国民健康保険は被保険者から除外されるので，保険料を支払う必要はありません。

③日常生活

　生活保護を受給したとしても，特に日常生活が制限されるわけではなく，起床も外出も買い物も，自由にして過ごすことができます。ただし，福祉事務所の担当者（ケースワーカー）の家庭訪問に応じたり，病気など事情がある場合を除き，求職活動をする義務があります。

　病気で働けない人は，療養に専念する義務があります。たとえば，アルコール依存症の人は専門機関の治療を受けたり，自助会に参加して療養に専念したりすることが求められます。

　なお，収入があった場合，すべて報告しなければならず，報告しないと「不正受給（詐欺罪）」となる可能性があります。

④注意点

　読者の皆さんのなかには，「生活保護を申請しても役所の窓口で追い返された」と，聞いたことがある方もいるかもしれません。いわゆる水際作戦と呼ばれ社会問題化しました。これについては，改善されたという意見もあれば，まだまだ不十分との意見もあるようです[*25]。

[*25]　違法に生活保護の辞退届を提出させたり，申請を受理しなかった後，自殺してしまった事案で，福岡地裁小倉支部平成23年3月29日判決は，行政側に慰謝料150万円の支払いを命じました（ただし，違法対応と自殺との因果関係は認めず）。

　また，「生活保護を申請すると親族に照会されるのが嫌だから，申請したくない」という声を聞いたことがあるかもしれません。これについて，近年（令和3年2月26日），厚生労働省は「扶養義務履行が期待できない者の判断基準の留意点等について」のなかで，「高齢者，専業主婦，病気や介護で扶養が期待できない場合」「10年以上音信不通，相続をめぐって対立しているなど明らかに扶養が期待できない場合」「DVや虐待など受けたため扶養照会が不適切な場合」には，扶養照会をしなくてもよいと通知していますが，現場でどこまで実践されているか分かりません。

　いずれにせよ，一人で窓口に赴いて生活保護を申請することには，精神的に相当なハードルがあるでしょう。そのために，生活困窮者を支援しているNPO団体などと，普段から連携しておくことをお勧めします*26。

（4）法制度の存在は自殺防止に役立つのか —————

　以上のように，経済的に困窮したとしても，「自己破産」や「生活保護」などの法制度を利用すれば，（理論的には）路頭に迷うわけではなく，まして命を取られるわけでもありません。

　しかし実際には，経済苦による自殺は後を絶たず，法制度の存在では完全に経済苦の自殺を防止できていません*27。その理由としてまず考えられる

---

*26　高齢者の方（65歳以上），障害者の方，ホームレスの方，病気などによって自ら生活保護を申請することが困難な方について，弁護士が生活保護申請に同行して，その弁護士費用（6万円程度）を援助してくれる公的制度（日弁連委託援助業務）があります。

*27　違法業者から借り入れて，耐えられず自殺してしまう事案もあります。いわゆる闇金グループから約3万円を借りて，2カ月間で約34万円を支払ったのに，過酷な取り立てが止まずに自殺した事案で，大阪地裁平成21年1月30日判決は，約4,800万円の賠償を命じました。また，違法金利（年利252〜514％）の自動車担保ローン業者から25万円を借りて，勤務先に取立ての電話があったり，自宅訪問を予告された結果，借主が自殺した事案について，さいたま地裁平成23年9月7日判決は，慰謝料1,000万円，逸失利益約3,503万円などの賠償を命じました。

のが，法制度が十分周知されていない，あるいは誤解されて広まっていることです。これについては，行政や司法の側が適切な周知活動に努めることはもちろんですが，現場のカウンセラーの皆さんも，法制度を熟知することは有用でしょう。

　ただし，仮に法制度が正しく周知されたとしても，なお自殺の道を選ぶことが考えられます。その背景には，「他人に迷惑をかけたくないという強い思い」や，「落ちぶれることは恥ずかしいという強い思い」があるかもしれません。このような認知を引き起こしているのは，本人の問題というよりも，いわゆる自己責任論が蔓延する社会の側の問題とも言えるでしょう。

　また，経済問題で追い詰められる人は往々にして，複雑な家庭環境，虐待経験，DV 被害，精神障害，知的障害など，生きづらさにつながるさまざまな事情を抱えていることがあります。

　このように，経済苦による自殺を防止するための手段として，法制度だけでは不十分であって，カウンセリングなど心のケア，孤立や孤独を防ぐための制度作りなど，社会全体の問題として捉える必要があると，法律家として感じています。

4　いじめによる子ども自死

　以下の事例で解説していきます。

【事例】

　X市立Y中学校に通うAさん（2年生）は，同級生Bさん，Cさんからいじめを受けていました。

　いじめの兆候を知ったAさんの両親が担任教師に相談したところ，表立ったいじめはしばらく止みましたが，担任教師が見ていないところでいじめが再発しました。執拗ないじめに耐えられなくなったAさんは，SNS相談でいじめの苦悩をつぶやき，その後しばらくして自ら命

> を絶ちました。
>
> 　Aさんの両親は，Y中学校，X市教育委員会に責任を明確にするよう求めましたが，曖昧な返答しかありませんでした。

（1）学校いじめ問題への対処

　学校現場でいじめによる自死が起きた場合，あるいは自死が起きてもおかしくないくらいの，ひどいいじめが発覚した場合，いじめ防止対策推進法の「重大事態」として，学校設置者（教育委員会）や学校側は調査委員会などを設けて，事実関係を明確にするための調査を行い，保護者などに対して情報を提供することとなっています[*28]。

　その調査報告に被害者側が納得することができて，真摯な謝罪と賠償が実施されるとよいのですが，そうでない場合は，司法（裁判）による解決を検討することになります。裁判では誰を訴えるか，訴える側が選ぶことができます。いじめの事案では，①いじめた加害児童・生徒，②加害児童・生徒の親権者，③学校関係者（私立学校の場合は学校法人・教師，公立学校の場合は自治体）ということになります。

　相談を受けた弁護士としては，被害者側の意向や法的な見通し（勝訴の見込み）だけでなく，賠償資力も考慮して助言することになります。つまり，加害児童・生徒だけを訴えても，現実問題として賠償するだけのお金を持っているとは考えられないので（児童・生徒だけを訴えても，親権者が自動的に連帯して賠償責任を負うわけではありません），少なくとも親権者も併せて訴えることになります。また，学校側の対応に不満があり，法的に責任追及できる見通しも立つ場合は，学校関係者も併せて訴えることになります。

　学校現場のいじめを巡る裁判例では主に，①予見可能性，②結果回避義務，③因果関係，④過失相殺が争点となります[*29]。これは他の事例（過労

＊28　いじめ防止対策推進法28条。

＊29　詳しい文献は，蛭田・中村（2010, pp.68-77），横田（2012, pp.4-29）など。

死やカウンセラーの自殺防止義務）でも同様ですが，学校現場の事例の特徴
として，予見可能性が認められにくい，すなわちいじめは教師の目が届きに
くい点が挙げられます。しかも，近年は SNS 上でいじめが行われるため，
ますます教師の目が届かなくなります*30。

　以下では，近年（令和）の裁判例をもとに，学校現場のいじめをめぐる法
律問題を解説します。

（2）学校側に求められるいじめ防止義務の内容 —————

　2013（平成25）年から「いじめ防止対策推進法」が施行され，学校側には
基本方針やいじめ防止措置を講じるよう，義務付けられました。裁判では，
この基本方針に沿った対応をしているかという観点から，学校側の注意義務
違反が判断されます。

　たとえば，大津地裁令和3年1月14日判決では，「基本方針においては，
個別のいじめの対応についての学校の基本的施策として，いじめの事実確
認，いじめを受けた児童またはその保護者に対する支援，いじめを行った児
童に対する指導又はその保護者に対する助言等を行うことが定められ，その
具体的な取組として，報告，連絡，相談及び確認を徹底し，全教職員が速や
かに情報を共有して対応できる体制を整備するとともに，いじめを把握した
際は，直ちにいじめ防止対策委員会を開き，速やかに方針を決定して組織的
に対応し，また，日頃からスクールカウンセラーや教育委員会，各関係機関
との連携を密にとり，いじめが発生した際には，迅速かつ適切に共同してい
じめの早期解決及び事後のケアに努めることとされているほか，一般的な取
組として，児童との信頼関係の構築，家庭との連携の必要性などが定められ
ている」と述べたうえで，学校側の対応を検討し，結果として，いじめ防止
義務に違反していないと判断しています（学校側の責任を否定）。

————————————

*30　SNS による学校いじめに対する法的対応を詳しく学びたい方は，細川ら（2021）を
　　参照。

①新潟地裁令和 4 年 5 月30日判決

この裁判例も，調査委員会の結果を踏まえて，学校側はいじめ防止義務に違反していないと判断しています。

A．事案の概要

- 中学 1 年時から，クラス内において「いじられキャラ」としての立場が確立。
- 中学 2 年時，男子生徒複数名が被害生徒のことを，「人狼」「カレーラーメン」「盗聴」などのあだ名で呼んでからかう行為が，継続的に行われた。
- 被害生徒，中学 2 年時の 6 月に自死（自死前日，家庭で普段と変わらない様子）。

B．裁判所の判断

- いじめは，時間の経過とともに，いじめの端緒やいじめそれ自体が積み重なっていくものであるから，個々の出来事を一連の経過として検討する必要がある。
- 調査委員会によるクラスメイトからの聴取によっても，被害生徒がクラスの中で仲間外れにされていたり，一方的にいじめを受けていたりしたとは評価できない。
- 個々の出来事は，結果から遡ってみれば被害生徒の自死に関連していた可能性があるとしても，総体的に悪質性が高いとは言えない。
- 個々の段階において，教諭が採った措置（あだ名で呼ばないよう他生徒を指導，被害生徒と相談する機会を設ける等）は，教諭側の注意義務に違反していない。
- いじめの影響が明らかになっていない状況において，被害生徒の自死に関与した可能性のある生徒の氏名を開示することは，プライバシー保護の観点からして相当とは言えないので，加害生徒の氏名を開示しなかった学校側の対応は違法ではない。

②さいたま地裁令和3年12月15日判決

　この裁判例では，学校側は一定の対応をしたものの，重大事態として扱わなかった点を問題視して，いじめ防止義務に違反したと判断されました。

A．事案の概要

● 中学校サッカー部内で，LINE グループから被害生徒のみ外されたり，LINE 上で「しね」「きらわれてんのあなたでーす」「お前自意識過剰やでー」と中傷されたり，自宅の画像が投稿されたりした。

● インターネット上の掲示板に，「○○も母親も最悪かよ」などと被害生徒の実名を明らかにし，誹謗中傷する投稿がされた。

● 被害生徒は，自傷行為をしたり，不登校になった。

B．裁判所の判断

● 教諭は被害生徒から事情を聞いたり，加害生徒から事実確認をしたり，指導をしているものの，教諭が被害生徒に体罰（指導に伴いその頭を叩いたり，耳を引っ張ったり）を加えたこと，重大事態として調査を行わなかったこと，校長らが「いじめがなかった」との発言をしたことは，職務上の義務に違反している。

● その結果，事態の早期の鎮静化が妨げられ，問題が複雑化・長期化し，長期間の不登校に陥り，現在もいじめられたとの記憶や大人への不信に苦しんでいる（慰謝料50万円）。

（3）いじめと自殺との因果関係 ————————————

　いじめの客観的程度が強度である場合，通常であれば自殺してもおかしくないと判断されると，いじめ行為と自殺との因果関係は認められやすくなります。一方，いじめの客観的程度が強度ではない場合，いじめ行為と自殺との間に因果関係は認められないと判断されることがあります。ただ，遺族の方からすると，「いじめがあったから自殺したに違いないのに，因果関係が認められないとは意味不明」と思われることでしょう。

　ここでいう「因果関係」とは，事実的な因果関係ではなく，法的な評価が加わった因果関係（法律用語で「相当因果関係」といいます）であり，「たとえ事実的な因果関係は認められるとしても，予見できなかったことまで損害を負わせるべきではない」という，予見可能性に近い考え方です。

①熊本地裁令和元年5月22日判決

　この裁判例は，いじめの強度が通常自殺を生じるものではないと判断されたケースです。

　A．事案の概要

- ●県立高校の1年生，女子寮の同級生2名と，互いに身体的特徴を揶揄し合うように険悪な仲になった。

- ●その後，三者は話し合いで関係修復し，それ以降はいじめ行為はなかった。

- ●夏休みに実家に帰省し，昼夜逆転の生活になるなど心身の状況が悪化し，寮に戻る日の2日前に自殺。

　B．裁判所の判断

- ●同級生が被害生徒にラインで送った「はげ」「唇」「汚い」「つら死んどる」「唇とばすなよ」「タラコびーむ爆笑」などのメッセージは，人格権を侵害する違法な行為である（慰謝料10万円）。

- ●教諭は，被害生徒が生徒調査で，「死んでしまいたいと本当に思うときがある」という項目に該当する回答をしていることを漫然と見逃して，舎監長に伝えて配慮するよう求めなかった（安全配慮義務違反）。

- ●ただし，被害生徒の置かれていた客観的状況（寮環境や同級生との関係，いじめ行為など）は，相応の心理的負荷を感じる程度のものではあるが，それ自体，自殺を決意するほどの強度の精神的苦痛を感じさせるものではない。

- ●同級生との関係も，舎監長の適切な対応により解決しており，「死んでしまいたいと本当に思うときがある」との回答は，被害生徒の重大な心

理的負荷の兆しではあるが，このことが直ちに自殺を図る具体的なおそれに結びつくとまではいい難い。
- 以上の事情からすれば，教諭において，被害生徒の自殺を具体的に予見することはできなかった（安全配慮義務違反と自殺との間に因果関係は認められない）。

②さいたま地裁令和3年7月14日判決

　この裁判例は，恋愛苦も絡む嫌がらせで，加害者本人，その親権者，学校側が訴えられましたが，嫌がらせ行為と自殺との間に因果関係は認められない（予見できなかった）と判断されました。

A．事案の概要
- 被害女性（高校1年生）は，9月から上級生と交際を始めたが，翌年3月に破局した。
- 同月，この上級生（元交際相手）は自分の妹と共謀して，SNS上で，第三者や被害女性が閲覧できる状態で，他に交際相手がいることをうかがわせ，被害女性を困惑させた。
- また，元交際相手は，SNS上で，他の生徒の好奇の目にさらされるおそれを生じさせる投稿，「そろそろ気づけよアホ」など被害女性の裏アカウントの投稿を元交際相手が閲覧していることを知らせる投稿，被害女性の投稿内容が多くの者に知られていることを伝える投稿，「被害女性と別れた理由を知りたい人にはいつでも教えるから連絡してほしい」と呼びかけたりした。
- さらに，元交際相手は，特定の友人に宛てて，被害女性が喫煙していることや裏アカウントで裏切る投稿をしていたことを知らせたり，「高校内に居場所をなくしたいので被害女性の投稿内容を他の生徒に広く知らせてほしい」などと依頼した。
- 被害女性は，両親，警察，学校に相談した。
- 4月10日の始業式に被害女性は欠席し，翌11日は登校したが，学校は辛

いので明日からは行かないと泣きながら友人や親へ告げ，翌12日は学校を欠席した。

- 同月13日午後9時頃，スマートフォンに「人間がいない世界に行ってきます！」で結ぶ文章を残し，同日深夜，一人で自宅近くのマンションの9階に行き，友人らに「どうしたらいいか分からない」と泣きながら電話したが，友人らに促されて帰宅した。
- 同月14日，被害女性は学校を欠席し，夕方，自宅で自殺した。

B．裁判所の判断

a．元交際相手らの言動

- 元交際相手側（妹含む）の2名による5日間の複数回の投稿等は，被害女性に心理的な圧迫を与えたが，物理的な加害行為や集団的な加害行為には該当せず，直ちに自死する危険を惹起させる行為とまで見ることは困難である。
- ただし，元交際相手らの言動は一連一体の行為として，被害女性に対し，他の生徒から好奇の目で見られ，非難され，いじめられるかもしれないとの恐れを抱かせて精神的圧迫を加え，安心して高校に登校できない状態に陥らせる行為として，また，一人の生徒に裏アカウントの投稿を開示して他に広めることを依頼した行為として，不法行為を構成する。

⇒慰謝料50万円。

b．親権者の責任

- 一般に，親権者が高校生の子のSNSの投稿内容について常時監督・指導する義務を負うとは解されず，そして，元交際相手らの両親が，被害女性の自死までの間，投稿などの言動について知ったことを認めるに足りる証拠はないから，監督・指導義務違反は認められない。

c．学校側の責任

- 教諭らは，相談内容を必要な範囲で共有しつつ，時間を置かずに被害女性や両親と面談したり，仲の良い友人と同じクラスにすると約束するな

ど，被害女性が登校しやすい条件の整備をしたり，新2年生の担当教諭らに情報を提供して注意を喚起したりしたので，その対応は合理的なものであり，基本的方針等に照らしても配慮義務に違反したとは認められない。

● その後は嫌がらせ行為は行われず，被害女性が両親を信頼して随時相談していたこと，両親や友人も被害女性を気遣い支援していたことを併せ見ると，客観的には，自死のおそれにつながるほど深刻なものであったとは言えないので，教諭らが自死を予見できたとは認められない。

　この裁判では，「裏アカ」「非公開設定」など，旧Twitterの特徴も争点になりました。元交際相手側は，誰のことか特定できない投稿であるし，仮に被害女性のことであると認識できる者がいたとしても，喫煙の事実は本人が裏アカウントで複数人に伝えており，秘密を暴露したものと言えない，と反論しました。しかし，裁判所は，本人が閲覧すれば自分のことと分かる以上，本人を傷つける不法行為であることは左右されない，と判断しました。

　また，元交際相手側は，非公開のメッセージの送信にすぎないから違法ではないと反論しました。しかし，裁判所は，非公開設定の投稿もフォロワーは見ることができ，多数のフォロワーを有し，実際に投稿アンケートに対して101の回答が寄せられたことを勘案すると，違法との判断は左右されない，と判断しました。

③大阪高裁令和2年2月27日判決

　この裁判例は，いじめの強度が通常自殺を生じるものである（予見可能性は検討するまでもなく認められる），と判断されたケースです（マスコミでも大きく取り上げられました）。

A．事案の概要

● 滋賀県の中学2年生，同級生から遊びという名の下に，床に倒されて首を絞められる，顔面を殴打足蹴にされる，顔面に落書きをされる，転倒

させられ頸部を踏み付けられる，筆箱をインクまみれされる，スポーツ
バックにチョークの粉を大量にふりかけられる，制汗スプレーを使い切
るまで吹き付けられる，テスト成績カードを破られる，自宅を前触れな
く訪問して財布を隠したり，漫画本や時計を持ち去られるなど，悪質な
暴行やいやがらせを受け続けた。

- 被害生徒，平日午前8時10分頃，自宅のあるマンションの14階から飛び
降りて自殺。

- なお，学校設置者（自治体）との間では，大津地裁での裁判のなかで和
解が成立。

B．裁判所の判断

- 本件各いじめ行為は，その態様および頻度において，孤立感，無価値
感，無力感，閉塞感を抱かせ，自殺に追い込むほどに，悪質・陰湿かつ
執拗なものであった。

- 本件各いじめ行為を受けた中学2年生の生徒が自殺に及ぶことは，本件
各いじめ行為の当時，何ら意外なことではなく，むしろ，社会通念に照
らしても，一般的にあり得ることというべきであり，自殺に係る損害
は，本件各いじめ行為により通常生ずべき損害に当たるものということ
ができる（いじめ行為と自殺との間には相当因果関係あり）。

（4）過失相殺

　前記の大阪高裁の裁判例では，いじめ行為と自殺との因果関係は認められ
ましたが，被害生徒の家庭環境は，両親が別居するなど複雑であったことか
ら，過失相殺（第3章4（1）②参照）が争点になりました。

　これについて，裁判所は，「亡D（被害生徒）には，自らの意思で自殺を
選択したものであるうえ，祖父母宅からの金銭窃取という違法行為により，
自らを逃げ場のない状態に追い込んだ点で，被控訴人ら（被害生徒の両親）
には，家庭環境を適切に整えることができず，亡Dを精神的に支えられな

かった点で，特に被控訴人 E（被害生徒の父親）においては，体罰や病気の可能性の不用意な告知により，亡 D の反発心や精神的動揺を招くなど，同居する監護親として期待される役割を適切に果たし得なかった点で，過失相殺の規定の適用および類推適用を基礎付ける事情があるというべきである」と述べて，損害を 4 割減額しました。この大阪高裁判決は最高裁に上告されましたが，最高裁もこの判断を是認しました。

　このように，過失相殺が争点となることは，いじめに限らず自殺の裁判では珍しくありません。確かに，過失相殺の制度趣旨である，「損害の公平な分担」という考えは法律家として理解できますが，被害者側（遺族）にとっては，「あなたの側にも責任がある」と言われているに等しいため，二重の苦しみにさらされることになります。

　結果として損害額が低めに認定されるとしても，この裁判例のように，被害生徒本人や両親の側に問題があるかのごとくストレートに指摘するのではなく，もっと配慮して表現してはどうかと常々感じます。

（5）まとめ—— SNS 相談カウンセラーの皆さんへお願い（裁判例からの教訓）

　いじめがあったことが公に認められなかったり，いじめと自殺の因果関係が否定されたりした場合，本人も遺族も非常に悔しいはずです。ところが，前記の裁判例から分かるとおり，いじめの加害者や学校側に責任を認めさせることは，簡単ではありません。その大きな理由は，いじめの証明をすること（いじめの証拠を探し出して，裁判所へ提出すること）が難しいからです。

　裁判では，訴える側に証拠を提出する義務があり，相手が自分に不利になるいじめの証拠をわざわざ提出することは，期待できません。本節で紹介した裁判例でも，被害者（遺族）側はさまざまないじめの事実を主張していますが，裁判所が「証拠によるといじめの存在が認められる」と認定したのは，そのうち一部に留まっています。

　そのため，SNS相談でいじめの相談を受けた場合，相談者の苦しみを受け止めるのが第一に求められますが，カウンセラーの皆さんには，「証拠確保」という点も，頭の片隅に置いていただきたいです。この証拠確保の観点からは，いじめの相談を受けたとき，「証拠になるからLINEは消さないでおいてください」「いじめられていることを，親や教師など周囲の大人に打ち明けてください」と，アドバイスすることになるでしょうか。

　しかし，被害児童・生徒にとって，いじめのメッセージが残っていること自体が苦痛となるため，消去・削除したい気持ちになることは無理もありません。また，たとえば「キャラを演じる」というのも，本当はつらいのであれば，その気持ちを隠さずLINEで相手に伝えたり，周囲の大人に伝えておくことが得策ですが，実際にはそのような勇気を持つことは難しいでしょう。

　そこで，証拠がない場合や，証拠があっても消してしまっていた場合，SNS相談のなかでどんないじめを受けたのか話してもらう（記録に残す）ことも，証拠確保の観点からは有力な方法となります。その理由は，紛争前に語った記録は，証拠としての価値が高いからです。つまり，裁判になってから，「あのとき○○されました」と回顧的に語った場合，記憶が鮮明であるか疑問が残りますし，裁判になったから自分に有利なように事実を捻じ曲げているのではないかと，勘繰られることがあります。

　一方，まさに被害に遭っているそのときに，「○○されました」と誰かに告げている場合，記憶も鮮明ですし，事実を捻じ曲げる動機も乏しいため，証拠としての価値が高い（信用性が高い）と考えられるのです[31]。

　以上のように，いじめの相談を受けた場合，相談者の気持ちに寄り添いつつ，証拠の有無を確認したり，証拠を残しておくようアドバイスしたり，「もしものときに大切な証拠となるから，どんなことがあったか教えてほしい」と励ましながら，いじめの内容を話してもらうようにしていただける

---

[31]　SNS相談の記録を第三者へ提供したり，遺族に開示できるかという問題は，鳥飼（2023, p.69）を参照ください。

と，万が一のとき役に立ちます。

　また，弁護士は，裁判だけではなく，加害者側，学校側，教育委員会との交渉を担うこともできます（弁護士は証拠を整理して，法令に基づいて動くことを得意としていますので，いじめ防止対策推進法に沿った対応をするよう毅然と申し入れる際に活用できるでしょう）。そのため，SNS相談でいじめの相談を受けた場合，相談者の要望を踏まえつつ，弁護士を上手に活用することも頭の片隅に置いてください。

5　恋愛苦による自死

　以下の事例で解説していきます。

【事例】

> 　Dさんは，婚活アプリで知り合ったEさんと交際を始め，1年間が経ちました。Dさんは交際当初から結婚を意識しており，Eさんにそれとなく伝えていましたが，Eさんは曖昧な態度しか示しませんでした。
>
> 　あるとき，DさんがEさんのスマートフォンを偶然見てしまったところ，Eさんは複数の女性と交際していることが分かりました。
>
> 　Eさんを問い詰めたところ，暴言を吐かれ，その後，着信拒否やブロックされて連絡が取れなくなりました。ショックを受けたDさんは，うつ状態になり，自殺未遂をしました。

（1）法律的な考え方

　恋愛を含む日常生活において，すべての人は，他人の人格権を侵害しないよう言動に注意する，一般的な義務を負っています。

　一方，恋愛苦の特徴として，たとえ理由なく別れを告げたとしても，破局という行為自体が直ちに法的に違法になるわけではない点が挙げられます。

いじめの場合は正当化される理由はあり得ませんが，恋愛の場合，好き・嫌いという感情に，法律が介入することはできないのです。

　ただし，恋愛を超えて婚約していたと評価される関係であったならば，破棄に至った事情や理由によっては，婚約不履行として違法と評価される可能性があります（この場合の「違法」とは，慰謝料の支払い義務を負うという意味で，結婚を義務づけるわけではありません）。

　そして，婚約破棄や恋愛苦を原因として自殺した場合，交際相手に対する言動が，通常自殺を生じさせる程度かどうか（言動の内容が過激すぎて，通常であれば自殺してもおかしくないと評価できるか）が問題となります。ただし，多くのケースでは，言動が通常自殺を生じさせる程度でないため，その場合は自殺を予見できたかどうかが問題となります。

　この点について，東京地裁平成28年10月20日判決は，「社会通念上，婚姻を破棄された者が自殺に及ぶこと，および失職を余儀なくされることが通常であると評価することもできない。自殺および失職による精神的損害は，一種の特別損害として，被告が本件婚約破棄行為時に原告の自殺および失職を予見していたこと，または予見できたことの具体的な主張，立証がなければ，本件婚姻破棄行為により賠償されるべき損害とすることはできない」と述べています。

（2）恋愛苦自殺の予見可能性 ────────────

　以上を踏まえて，恋愛苦が原因で自殺（未遂）となった裁判例を紹介します。まず，次の裁判例は，DVのケースで，自殺の予見可能性を認めました。

①札幌地裁平成26年2月5日判決
A．事案の概要
- ●加害男性（21歳，会社員）は，交際当初から被害女性（21歳，専門学校生）に，顔や身体に殴る蹴るの暴行を加えたり，行動を制限したり，暴

言を浴びせていた。

- 被害女性はネットで知り合った友人に，何度も自殺を考えた，死ぬことができれば楽になると思った，などと告白するようになった。

- 加害男性に対しても，喧嘩をした際に衝動的に「死んでやる」「もう殺して」などと述べたり，自殺企図を示唆し，お願いだから別れてほしい，自由にしてほしいなどと記載した電子メールを送信した。

- ある日の夜，加害男性は被害女性の顔を数回，肩付近を1回殴打する暴行を加えたところ，被害女性は体調の悪さを訴え，何度もトイレに出入りするようになった。

- その後，被害女性は裸足で玄関から退室し，自宅マンション14階バルコニーから転落し，外傷性脳損傷等の傷害を負い，両上下肢機能全廃等の障害で身体障害者等級1級となった。

B．裁判所の判断

- 暴行の態様は，日常生活の場面において，約7か月にもわたり暴行を繰り返し，その程度も，打撲痕を残したり，病院を受診するような持続する痛みを残したりする程のものであり，しかも，暴行に及ぶ理由は極めて理不尽なものであった。

- そのようななかで，被害女性は人格を著しく傷付けられ，多大な精神的苦痛を被って，自殺念慮傾向を高めていった。

- 事故当日，被害女性は，顔面を数回，肩付近を1回殴打する暴行を加えられて，体調の悪さを訴えてトイレに何度も出入りするようになり，約1時間後に自殺を図った経緯に照らせば，本件暴行が自殺企図の原因になったと考えるのが合理的である。

- 本件暴行は，それ自体が重大な後遺症を生じるようなものではなく，本件事故によって原告が負傷することによる損害は，本件暴行により通常生じる損害に当たるとは言えない。

- したがって，本件暴行を受けたことに起因して自殺を図ったという特別な事情が介在して本件事故が発生し，被害女性にこれに伴う損害が生じ

たということができる。

●健全な社会常識を有する者が，通常の注意を払いさえすれば，被害女性が暴力について深刻に悩んでいることは容易に認識することができるから，加害男性は，自殺を示唆する言動が真に自殺念慮傾向を示したものであるかもしれないと考えて，引き続き暴行を加えた場合に，実際に自殺を図りかねない切迫した心理状態に陥ることもあり得ると予見することができた。

⇒自殺について予見可能性，因果関係を肯定し，慰謝料，逸失利益など計5,000万円の支払いを命じる。

②さいたま地裁平成29年7月19日判決

　この裁判例は，未成年の交際に親が介入したケースで，自殺の予見可能性を否定しました。

A．事案の概要

●中学3年生から同級生と交際を始めた被害男性は，高校入学後の6月，交際相手から別れを告げられた。

●その数日後，元交際相手の母親は被害男性に対して，「別れたら死ぬとか嘘をついて騙して！早いうちにあんたの正体が分かって良かった！」「家の大事な娘を傷つけて，ろくでなし！」「あんたに家のやり方をとやかく言われる筋合いはない！ふざけるな！」「自分がどれだけの人間だと思っているんだ！」「あんたが邪魔だったことにはかわりません」「あんたも偉そうなことを言っているけど，それなりじゃないですか！」「お前なんかに言われたくない！価値観も違うし，それなりの親に育てられ愛情も知らない！」「家のことを言う前に，自分の家庭をどうにかしたら！」「目障り」「自分の学校で自分のレベルと同じ子とお付き合いしたらどうですか？」「いつも女みたいに泣いて，本当に頼りない」などのメールを立て続けに送った。

●同日，被害男性は，「絶対に○○家（元交際相手）を責めないでくださ

い」「○○家に自殺したこと知らせないでください」「今まで育ててくれ
て本当にありがとうございます」などの手書きのメモを自室に残して，
自宅近くのマンションの10階から飛び降り死亡した。
● 元交際相手の母親が自殺翌日に被害男性の自宅を訪れ，大声で40分から
50分にわたり両親に対して，離婚問題や学校でのいじめが原因で自殺し
た，死んだもん勝ちなどの発言をした。

B．裁判所の判断

● 被害男性の自殺は，メールのやり取りから通常生ずべきものではないか
ら，特別の事情による損害というべきであり，被告がその事情を予見
し，または予見することができたことを要する。
● 特に「別れたら死ぬとか嘘をついて騙して！」「あんたが邪魔だったこ
とにはかわりません」「もう二度と家の周りをウロウロしないでくださ
い！」などの記載は，結果的にみれば自殺を誘引する可能性があるもの
であったことは否定できないものの，自殺を促す直接的な記載はない。
● 元交際相手の母親は被害男性にとって重要な存在であるものの，何度か
顔を合わせたり，一緒に食事をとったり，メールを数回送り合ったりし
たことがある程度の関係にすぎず，一般に接触を控えることが難しい関
係ではない。
● 被害男性は，元交際相手に対して自殺するかのようなメールや発言をし
たことはあるものの，そのメール等に迫真性があるものはなく，好意の
大きさの表現の一種にすぎなかったとも解しうるものである。
● 以上の事情から，被害男性が心身の発達が未成熟な少年で，かつ失恋の
直後であったとしても，本件各メールを送信した場合に，自殺を決意す
ることがあり得ることとして予見すべきであったとまでは言えない
（メールと自殺との間に相当因果関係は認められない）。

（3）慰謝料算定と過失相殺

　言動と自殺との間に相当因果関係が認められれば，賠償額は数千万円単位になりますが，自殺との相当因果関係認められない（予見可能性がなかった）としても，その言動に問題があれば，相当な額の慰謝料が認められます。

　前記のさいたま地裁平成29年7月19日判決では，元交際相手の母親が被害男性に送ったメールは，（自殺との間に相当因果関係はないとしても）社会通念上許される受忍限度を超えて，名誉感情を侵害する行為であり，被害男性の人格権を侵害し，元交際相手の母親が自殺翌日に被害男性の自宅を訪れ，両親に対して暴言を吐いたことは，両親の置かれている状況に一切配慮しない自己中心的なものであり，その程度は常軌を逸していると述べて，慰謝料400万円を認めました。

①東京地裁平成17年9月20日判決
　この裁判例も，自殺未遂をするほど精神的ショックを受けた点が，慰謝料額に反映しています。
- 結婚以来約12年間にわたり，比較的平穏な婚姻生活を送ってきた夫婦。
- 妻は夫の不倫関係を知って，焼身自殺しようとしたり，リストカットを行ったりするほどのショックを受け，心療内科において自律神経失調症，抑うつ状態との診断を受けている。
- 妻は，現在11歳の長女を抱えながら，夫との間で離婚に向けた協議を行っている。
⇒不貞相手に250万円の慰謝料を命じる。

②新潟地裁平成5年1月26日判決
　一方，交際相手間のトラブルでは，被害者側にも一定の落ち度があるとし

て，過失相殺の対象となる場合があります。

- ●加害男性（26歳）は，被害女性（18歳）と同棲を始めた。
- ●同棲から 2 週間後のある日，被害女性から過去の男性遍歴を聞きショックを受けて，被害女性に殴る蹴るの暴行，手の甲に煙草の火を押し付け，包丁を見せながら「これで自分の腹でもかっさばいて死ぬか」「俺を殺せ」「どんなことをしても詫びるというなら，俺に殺されてもいいのか」などと迫って承諾させ，「以後，私の命の権利を○○にすべて一任することをここに誓約いたします。今後私が○○に命をうばわれても一切かまいません」との誓約書を作らせた。
- ●同日，自動車で広島県から群馬県まで移動し，練炭自殺を図ったが，加害男性のみ未遂に終わった。
- ●加害男性は刑事裁判で，自殺幇助罪で懲役 2 年の判決。
- ●被害男性は未成年者の被害女性に対して，心中を決意させるまでに追い込んだ責任があるものの，その決行に至るまで逃避する機会があったのに逃避せず，結局，心中に同意していたものであるから，損害については被害女性自身が 7 割，加害男性が 3 割の責任割合とみるのが相当である。

⇒両親の分も含めて，慰謝料約1,100万円の支払いを認める。

③東京地裁平成27年 7 月31日判決

- ●被害女性は，交際している加害男性から中絶を求められた際に自殺を図り，過呼吸で救急搬送された。
- ●確かに，中絶に伴う苦痛や負担は，男女の共同行為の結果であるし，被害女性側も婚姻に向け迷いがあると感じていたとすれば，妊娠しても不安定な立場に置かれる可能性があることを，まったく意識しなかったとは考えにくい。しかし，加害男性側の責任が重大であることは，明らかである。

⇒慰謝料200万円のうち 8 割は加害男性側の責任，2 割は被害女性側の負担。

いじめ自殺の事案と比較すると恋愛苦自殺の事案では，よほど相手の言動に問題がないと，相手に法的責任を負わせることは難しいのが現状です。この「よほど相手の言動に問題」とは，「二股をかけていた」など倫理的な問題では足りず，DV や詐欺など，それだけでも犯罪と評価される程度が必要です。たとえば，近年「国際ロマンス詐欺」*32の被害が多発していますが，仮に恋愛感情を弄ばれてお金を取られ，それを苦に自殺してしまった場合は，予見可能性や相当因果関係は認められる（騙した側は法的責任を負う）ことになりそうです*33。

また，前記のとおり，恋愛苦に関する裁判例では，被害者側にも一定の落ち度があったとして，過失相殺が問題となることがあります。前記の新潟地裁の無理心中の裁判例では，男性側に DV が認められ，女性側は心理的に支配されていたようにも見えるため，遺族側からすると，「被害女性の責任7割」との判断は納得できるものではないでしょう（自殺幇助ではなく自殺教唆ではないかと言いたくなるでしょう）。しかし，裁判になると，加害者側から「被害者側にも落ち度あった」と主張され，裁判所も一定の理解を示すことも珍しくありません。被害者側（遺族側）は消化できない複雑な思いを少しでも晴らすために裁判に臨んだと思いますが，結果として，余計傷つくこともあるように感じます。

このように，人の強い感情が絡む事案のなかで，自死の問題を裁判という場で扱う（争う）ことの難しさを，改めて感じさせられます。

---

*32　SNS で知り合った相手が，海外在住の「空軍大佐」「国際医師」「実業家」などと名乗り，結婚を匂わせて，多額のお金を送金させて騙し取る手口です。

*33　たとえば，デート商法により女性従業員に誘われて高額な宝石等を買わされ，クーリングオフを妨害され，多額の債務を負ったため自殺した事案で，仙台地裁平成16年10月14日判決は，悪質な販売方法と自殺との間の因果関係を認め，販売会社に対して600万円の賠償を命じました。

第 6 章

今後の課題

1 SNS 相談における AI の活用

　COLUMN 4‒1 に記載したとおり，2022年度には，年間71万件（速報値）の相談のアクセスに対して，実際に相談できた数が27万件にとどまり，相談実施比率は40％未満でした。60％超の方の相談に，応じることができていない状況です。

　この事実には，「すべての相談を受けられる体制を構築する」ことと，「相談を待っている方のなかで，特にリスクが高い方は今すぐに対応したい」という，二つの重要な課題があります。

　もちろん，寄せられる相談はどれも大切で，どんな内容であっても一つひとつ丁寧に寄り添いたいと思っています。そして同時に，希死念慮が高い，身体の危険が近づいているケースは，最優先で対応しなくてはいけないと考えています。

（1）相談の優先順位づけ ─────────────

　東京メンタルヘルス・スクエア（以下，TMS）では現在，SNS 相談時には，6 人の相談員に対して 1 名のスーパーバイザー（以下，SV）をアサインし，困難な相談時にカウンセラーに適切な応答をアドバイスする役割と併せて，お待ちいただいている相談者の相談前メッセージ（相談対応前に送られてくるメッセージ）を確認し，優先順位を考えて相談を割り振るようにしています。

とはいえ，1日に寄せられる相談の数は莫大であり，実際にはすべての相談前メッセージを読み込むことはできていません。そこで期待しているのがAIの活用です（なお，将来的な可能性はいったん脇に置き，私たちの団体では2024年3月時点，AI自体に悩み相談〈カウンセリング〉を担わせることは時期尚早と考えています）。

AIに期待する最初の役割は，お待ちいただいている相談の優先順位づけ（救急医療でいうトリアージ）です。

現在SVが実施している相談前メッセージの確認をAIに担ってもらうことで，今は全件確認ができていない相談前メッセージを瞬時にすべて読み込み，優先順位づけをすることが可能になり，リスクが高い相談の取り残しを防ぐことができます。また，相談前メッセージの内容に応じて，カウンセラーの経験や得意分野に合わせて，最適なカウンセラーにアサインすることも考えています。

将来的には，SNS相談を実施する複数の団体が，共通の相談ポータル（入り口）を作り，AIが各団体の特徴によって相談の振り分け，さらにはその時点の各団体の混雑状況に応じて件数の振り分けをすることで，全体の平準化を進め，その結果相談の応答率を上げることが期待できると考えています。

（2）カウンセラーの相談支援

次に，AIに期待していることが，カウンセラーの相談を支援することです。

各団体では相談の拡大に伴い，カウンセラーの新規採用を継続しています。それぞれの団体では，SNS相談を開始する前に十分な研修を実施していますが，それでも経験が豊富なカウンセラーと同等な相談対応をすることは，なかなか難しいことです。

難しい相談があった際に，過去の相談事例を学んだAIがいくつかの応答

例を表示し，カウンセラーはそのなかで最も自分の想いに近い言葉を参考に
応答する仕組みを，作りたいと思っています。

　この仕組みにより，経験が浅いカウンセラーでも，経験が豊富なカウンセ
ラーと同じような相談を実施できるようになることを期待しています。

　ただし，この場合でも，最後に判断するのは「カウンセラー」＝「ひと」
であることが大切だと思っています。AIはあくまでも「ひと（カウンセ
ラー）」の支援。回答例の表示はするものの，相談者の状況や想いを理解し
て，最終的に言葉を発するのは「ひと」でありたいと考えています。

（3）雑談の相手として

　もう一つAIに担ってもらいたいと思っている役割が，雑談です。相談に
訪れる人のなかには，「寂しいので誰かと話をしたい」という想いでアクセ
スされる方も，一定数おられます。対話の相手がAIであることをお伝えし
たうえで，著名な俳優・女優，スポーツ選手に似ているアバターAIとの対
話を楽しんでもらうことで，寂しさを癒していただく，という活用方法があ
るのではないかと考えています。

　著名人のなかには，自殺対策や孤独・孤立対策，いじめ対策の必要性を強
く感じている方が多くいらっしゃいます。そのような方々のご協力を得て，
その方の考え方や話し方の特徴をAIに学習してもらい，その方そっくりの
アバターと，その時々で応答内容にも変化がある対話をしていただくこと
で，心が満たされ，癒される時間を送っていただく。そんなことも近い将来
実現したいと思っています。

　今まさに広がっていこうとしているAI技術。悩み相談，カウンセリング
の世界では，優先順位づけ，カウンセラー支援，雑談対応などを通して「ひ
と」の活動を支えてもらいたいと願っています。

2 カウンセラー不足とカウンセラーのスキルアップ

（1）カウンセラー不足 ─────────────────────

　これまで誰にも相談することもできずに，一人で苦しんでいた人たちが，SNS 相談という手段で気軽に相談ができるようになったことは，画期的なことです。悩んでいる人，苦しんでいる人にとっては，相談したいと思ったときにいつでも相談が可能であること，365日24時間対応してくれるというのが理想です。そのため，少しでも多くの人に対応したいと考え，シフトを検討してきています。

　ただ，現実問題として，365日24時間対応の実現には大きな壁があります。毎月カウンセラーを増やす努力はしていますが，現在の体制でもカウンセラーが充足しているとは言えない状況です。理由はいくつか挙げられます。まず，カウンセラーは他の業務も行いながら担当しているため，日程調整しなければいけません。仕事だけではなく，カウンセラーのプライベートとの調整，そして何よりカウンセラーの健康維持も考慮しなくてはいけません。

　もう一つ大きな問題は，カウンセラーが誰にでもできるとは言えないことです。重い内容も多い相談を，チャットによって対応するというのは難しく，当然それなりのスキルが必要となります。どのようなスキルが必要かについて，次項で考えていきます。

（2）カウンセラーのスキルアップ ─────────────

　SNS 相談のカウンセラーに求められるスキルとしては，大きく三つあります。一つ目はカウンセリングスキル，二つ目は言語スキル，三つ目はオンライン対応スキルです。これらは相互に関わっています。

①カウンセリングスキル

　「カウンセラーです」と言って対応するのですから，カウンセリングスキルを活かして専門家として支援することになります。したがって，カウンセラーは何らかのカウンセリング関連資格を所有していることは必須ですし，実務経験もある程度必要です。雑談レベルで終わっては，支援とは言えません。

　カウンセリングスキルとして，まずは受容と共感という傾聴力です。相談者の言葉を受け入れ，非評価的に理解することで，信頼関係が築かれます。その土台が構築されないと，支援になっていきません。

　相談者の主訴を把握し，共感的に寄り添い，相談者が解決に向かって進めるように支援します。相談件数が多く継続的支援が難しい，しかも自殺リスクが高い相談に対して，見立てて寄り添うのは簡単なことではありません。相談者が伝えていることを理解しながら，同時にさまざまな可能性をイメージする力も必要です。相談者が言葉にできない思いもあるのではないかと想像する力です。

　見立ては必要ですが，カウンセラーが自分の見立てや価値観にこだわりすぎると，見えなくなるものがあります。結果，相談者の存在を忘れて自分の伝えたいことだけを伝える，気がついたら相談者より多く語っていたことになりかねません。

　必要な情報を質問する力も必要です。さらにリスクアセスメントをします。1回のSNS相談で解決しない場合は，適切なリファー先の情報提供も必要ですから，関連する知識も持たなくてはいけません。

②言語スキル

　カウンセリングスキルを活かして支援するときに欠かせないのは，言語スキルです。

　SNS相談はチャットを使っての支援なので，通常の対面や電話カウンセリングとは違う要素があります。まず，相談者の表情，しぐさなどの非言語

が分かりません。また対応する側も，沈黙やうなずきなどの非言語が使えません。そしてやり取りは文字を使ってです。同じ文字を使うメール相談とも違い，チャットでの対応ですから，会話するようなスピード感も必要となります。ですから，じっくり考えて言葉を選択することができません。

つまり，会話のように相談者の言葉を理解し，適切な言葉を文字で表現する，高い言語スキルが必要となります。言葉のセンスと言ってもよいのかもしれません。相談者の言葉を受け入れるといっても，オウム返しばかりでは不自然です。特に，チャットでの文字のオウム返しの不自然さに気づかないのは，センスがないとも言えます。

また，カウンセラーは真摯に対応するあまり，直前のやり取りに集中して，そもそもの主訴を忘れてしまうこともありがちです。相談者の言葉を理解しつつ全体を見て，場合によっては見立てを修正しながら進めるという，柔軟性も持ってほしいです。

③オンライン対応スキル

現在，SNS相談はテレワーク中心で対応しています。そのために，PC等機器の取り扱い，セキュリティ関連といった，オンライン対応スキルがあることが求められます。個人情報の取り扱いについて留意することは当然です。

カウンセラーは研修会，事例検討会への参加やスーパービジョンを受けるなどして，自身のスキルアップに日頃から取り組む必要があります。同時に，支援者としての自分自身を把握する目も必要です。

（3）おわりに

スキルアップにゴールはありません。SNS相談では目の前で逐語録ができていくわけですから，スキルアップにはとても役立ちます。実際，経験を重ねることによってスキルアップされている例が，たくさんあります。文字

だけのやり取りであっても，相談者の言葉を受け止め，理解しようと努めることによって相談者に気づきが生まれ，変化が起こる可能性があります。カウンセラーは自分が支援者であることを忘れずに，日々研鑽に励むことが大切です。

3　クライシステキストライン——米国の先進例から

　アメリカ合衆国では，若年層のニーズに応えて，テキストチャットを用いた相談窓口が用意されています。2013年，ニューヨーク市に設立された非営利組織 Crisis Text Line（クライシス・テキスト・ライン）[*1] は，「741741」にメッセージを送ると，24時間365日，無料でカウンセラーが対応します（図6-1）。

　メッセージを送ると5分以内（平均待機時間は2分弱）に相談が開始し，研修を受けたボランティアカウンセラーが，自宅からオンラインシステムにアクセスし，複数のカウンセラーと同時にチャット相談を行います。カウン

図6-1　Crisis Text Line の TOP ページ

[*1]　https://www.crisistextline.org/

セラーのほかに，カウンセラーの養成と心理的サポートを担うコーチ，精神保健分野修士以上の学位を持ち実務経験のあるスーパーバイザーがおり，通常15～45分（平均40往復）で相談は終了します。

　Crisis Text Line での相談の目標は，相談者が心理的に危険な状態（hot moment）を脱し，落ち着きを取り戻す（cool calm），そして協力して行動プラン（positive plan for next steps）を見つけることです。自傷他害・ネグレクトの可能性がある場合は，相談者に個人情報を尋ね，通報します。

　この Crisis Text Line と他の窓口とで異なる特徴的な点としては，①AIを用いた相談者の重症度判定，②データ分析，③幅広い組織間での協力関係，が挙げられます。それぞれについて，以下に解説します。

（1）AIを用いた相談者の重症度判定 ─────────────

　相談者から最初のメッセージが届くと，AIが自動的に自殺の危険性を評価し，差し迫った自殺の危険ありと判断された相談者はオレンジ色で強調され，待機者リストの上位に置かれます（図6-2）。

　Crisis Text Line 公式ホームページの2018年3月のブログ[2]には，この機械学習アルゴリズムに関する記事が投稿されており，最初に送られてきたメッセージから，差し迫った自殺の危険がある人の86%を特定することが明らかにされています。「自殺」という言葉以上に，自殺の危険を表す言葉や単語の組み合わせがあることも発見されており，新たなデータを用いて随時改良中とのことです。

　リスク判別に関する視覚的に分かりやすい例を，図6-3に示します。文章は，日本語に翻訳すると「毎日私は銃口を頭に突きつける。だがしかし，引き金を引くことができない」となります。文章が進むごとにリスクが大きく上下しています。文章前半で差し迫った自殺の危険を感知し，リスクが急

---

*2　https://www.crisistextline.org/blog/2018/03/28/detecting-crisis-an-ai-solution/

Anon	GGB — I'm suicidal and depressed	waiting a few seconds	▽
Anon	Hello — I want to kill myself	waiting a few seconds	▽
Anon	**Hey** — im just really sad right now	waiting 3 minutes	▲
Anon	**Go** — feeling really lonely and sad	waiting 2 minutes	▲
Alex	**Hello** — I want to cut again	waiting 1 minute	▲
Maria	**Hi?** — i need to talk to someone	waiting 1 minute	▲

図6-2　重症度アルゴリズムを搭載したシステム（木津ら，2020）

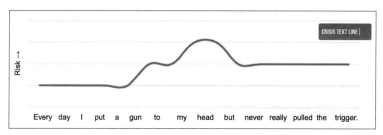

図6-3　重症度アルゴリズム適用の具体例（Crisis Text Line, 2018をもとに著者作成）

上昇するものの，実際は実行できないという後半の文章を汲んで，リスクが下がっています。

（2）データ分析に関して

　また，Crisis Trends[3]では，2014年から，30秒ごとのアメリカの状況を掲示しています。月ごとの相談件数や利用者の年齢層，相談内容の週毎の特徴，相談時間帯，併存する頻度の高い問題，相談者が用いる頻度の高い上位35単語など，各データを見ることができます。

　相談終了後，相談者はアンケート調査（カウンセラーや相談全体への感想

＊3　https://crisistrends.org/

やコメント）への任意の協力を求められます。この内容は，研修プログラムの改善・研究に利用され，より質の高いサービスが提供できることになります。

（3）幅広い組織間での協力関係 ————————————————

　Crisis Text Line は，Google や YouTube，TikTok などの有名企業と協力関係を結んでおり，検索に連動して必要な際に相談を推奨しています[4]。また，Crisis Text Line の研修プログラムは，米国自殺予防財団（American Foundation for Suicide Prevention）をはじめとした専門団体が監修しており，非営利団体・地域行政・教育機関にも積極的に意見を出すことが求められています。

　さらに，学術機関や研究機関に所属していること，膨大なデータセットを扱うための技術的な専門知識を有していること，米国またはカナダの市民であること，などの簡単な条件をクリアすればデータを研究に使用することが可能で，Published Research[5]では数多くの論文が投稿されていることが確認できます。研究の発展は，システムの質の更なる向上に役立っています。

　筆者が2022年に TMS で行ったワークショップでは，約100名の研修参加者から，「医療的対応等，TMS では取り扱いきれない問題を先に拾える（ミスマッチを予防）」「適切な優先順位かつ短時間で応対を開始できる」「AI が自動で必要なリファー先を見つけてくれたら相談に集中できる」と，AI に期待を寄せる声が上がる一方で，「AI が間違え，重篤者を見落とす」という懸念も表出しました。

＊4　幅広い組織間の協力関係はサイトから確認できます（crisistextline.org/partnerships/）。

＊5　https://www.crisistextline.org/data-philosophy/research-collaborations/

4　チャット分析ですべての人が相談できる社会に

　筆者らは，機械学習や人工知能の技術を活用して，社会全体で相談ができる環境を作りたいという目標を持ち，日々研究に取り組んでいます（図6-4）。メンタルヘルスの相談には，NPOの人手不足や偏見によるアクセスの困難さなど，さまざまな問題が存在します。また，人々の苦しみは優先順位をつけづらく，どの専門職（精神科医や心理士）を優先するか，どのような尺度を使用するかは，専門家や個々の人によって異なるでしょう。

　そのため，相談者の第一声から過去のケースに基づいて重症度を一意に予測し，重症者は精神科医にリファーし，軽症者や雑談を求める人には既存のAIチャットボット（国立精神・神経医療研究センター［NCNP］のこころコンディショナー）を紹介することで，NPOのテキスト相談において効果のある相談者の数を限定し，すべての人が相談できる社会を実現したいと考えています。これにより，一人ひとりに質の高い，かつ適切な対応を提供することが可能となります。

　重症度分類のアルゴリズムの開発により，次の三つの効果が期待されます。

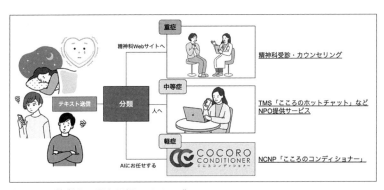

図6-4　筆者らの研究目標のイメージ

①リスク評価——心理相談の内容をリスクアセスメントし，重大な見落としを防ぎ，心理士にセカンドオピニオンを提供します。

②カウンセリングの質の向上——メンタルヘルスへの早期介入には，必要な情報を的確に収集するスキルが必要です。既存の心理相談テクニックに加えて，医師へのリファーを促すための項目を自然に引き出せるような，高品質なカウンセリングを支援します。たとえば，効果的な質問の例示を過去のデータから提案し，ワンクリックで相談者に送信することで，効果的で早い返信ができます。

③新人教育——例題やテストの作成，研修内容の充実により，人員不足の現場に効率的に人材を供給します。

　現段階では，まず第一段階として，メンタルヘルスに関する相談窓口を提供するNPOが収集している，事前相談情報を利用したリスク評価を試みています。AIによるリスク評価の活用により，データの有効活用が促進され，最終的には自殺リスクの高い人々のトリアージが可能になることが期待されています。

（1）実際の研究で分かったこと ————————————————

　使用したデータは，匿名化済みのNPO法人東京メンタルヘルス・スクエアの相談活動，「こころのほっとチャット」のチャットログで，年齢・性別・職業・カウンセリング回数などの基礎情報と，任意入力の事前相談文（入力される割合は2割ほど）から始まります。現在，マンパワー不足のために相談者の約半数しか応対できない状況で，オペレーターが恣意的に相談者を選択してカウンセリングを行っています。

　匿名化されたデータを利用し，心理資格を持つ専門家の協力のもと，基礎情報と事前相談文から，相談内容の6段階のリスク評価を行いました。データを用いて希死念慮の有無を予測するモデルを，勾配ブースティング木

（XGBoost）で構築した結果，基礎情報のみでは分類がほとんどできませんでしたが，基礎情報と事前相談文を組み合わせることで，Accuracy 0.72，Precision 0.77，ROC-AUC 0.80，F1 0.64と，ある程度の性能で分類が可能であることが分かってきました。

　今後，更なる高精度化を図ることにより，現在の人手不足による応答率の低さに対応し，自動的に優先すべき相談者を特定し，効率化を図ることが期待されます。

（2）限界と今後の課題

　実際のデータを確認したところ，事前回答の基礎情報で，年齢や性別が正しく回答されていないケースも多く確認され，匿名チャット相談における事前情報の信頼性には，限界があることが示されました。現在は事前相談文の取得が任意であり，回答率は約20％ですが，今後は必須回答項目とすることも視野に入れて，考えていく必要があります。

　しかし，豊富な情報の取得は，ユーザーのアクセスのハードルとのトレードオフの関係にあります。そのため，現場との意思疎通を欠かさず，ユーザーの利便性を損なわないかたちで，取得情報をさらに充実させていくことが重要です。

5　AI（ChatGPT）とカウンセラーの共存の方向性

（1）実例

　母を自殺で亡くしてしまった女性の悲痛の叫びと，それに対する返答を読んでみてください。あなたはどう感じますか？

①実際の相談文

「母が今年の8月に52歳で亡くなってしまいました。自死でした。よく休日は一緒にショッピングに行ったりラーメンを食べに行ったり，私が留学していた頃には毎日毎日連絡をしてくれてサポートしてくれた，隣で歩くのが嫌なくらい美人で，本当に優しい自慢の母でした。（中略）もしかしてあの時私が母に酷いことをいってしまったから死んでしまったんだと思う時があり時々自分を追い込んでしまいます。（中略）何のために生きているのかが分からなくなりました。正直死にたいです」

②返答

「まず，あなたが亡くなった母親をとても愛していることが伝わってきます。母親との思い出や，彼女の優しさや美しさについて話されることから，彼女があなたにとって特別な存在だったことが伝わってきます。

　ただ，あなたが自分自身を責めたり，自殺願望を持ってしまったりしていることはとても心配です。

（中略）

　あなた自身が自分を責めすぎることは，あなたの心を傷つけることになるかもしれません。母親はあなたを愛していたことを忘れずに，今後の人生に向けて前向きに考えていくことをお勧めします。

　もしも，自殺願望が強くなってしまった場合は，専門家やサポートグループに相談することをお勧めします。自殺は決して解決策ではありません。あなたは大切な人生を生きているので，あなた自身が幸せになるために，必要なサポートを受けることが重要です」

* * *

　この返答の文章は，AIが生成したものです。文章生成AIの進化と“人間らしさ”に驚かされます。皆さんはAIの言葉に，どのような感想を抱かれたでしょうか。

　ChatGPTは，2024年4月現在，最も注目を集めている人工知能技術の一

つで，大量のテキストデータを学習することで，人間との対話を模倣することが可能です。その対話の質の高さから，国会でも取り上げられました。この背景となっている技術は，入力されたテキストからテキストを生成するための「言語モデル」と呼ばれているもので，ChatGPT では GPT という言語モデルを採用しています。

　本稿執筆時点での GPT の最新版は GPT-4 ですが，これを用いた ChatGPT は有償利用のみであり，一般には GPT-3.5ベースの ChatGPT が利用可能です。そこで，以降では GPT-3.5ベースの ChatGPT を対象とし，相談を投げかけたときの返答の特徴を知るとともに，人間カウンセラーとの共存の可能性について検討していきます。

（2）使用可能な点

　ChatGPT を使用した相談では，2,000字を超える複雑な相談や，主語が抜けた支離滅裂な文章でも，主語を推測し，相談内容を整理して，適切に返答することができます。また，感情に訴える表現を用いることもあります。たとえば，「あなたがいなくなってしまうと家族や友だち，9歳の子どもが深く悲しみます。あなたが元気でいれば周りの人もみんな幸せに感じるでしょう」といった具合です。さらに，気を紛らわせる行動の提案の模範的な例を提示し，自然な流れでカウンセリングや投薬治療を勧めたり，NPO 相談や地域の無料サービスを紹介したりすることもあります。

　従来の AI とは異なり，ChatGPT は会話の意味を理解し，相手に不信感を与えることなく返答します。もし認識に誤りがあった場合でも，以前の会話の情報を保持しているため，「そういう意味ではなく，○○という意味でした」と説明することで，再度適切な回答をしてくれます。また，生成された回答が気に入らなければ，好きなだけ再生成することもできます。生成された回答はすべて保存され，後から確認することも可能です。ChatGPT は寄り添いの姿勢を持ち，具体的な意見が必要なときには一定の質を持つ一般

的な回答を提供するため，思考を整理したいときや具体案が欲しい相談には有益でしょう。

　また，目の前で文章が逐次生成され，画面に文字が表示されていくため，相手がいて個別に丁寧に対応されている錯覚に陥ります（人力より誤字が少なく，返答が早いです）。相手が人間でないため気楽に，24時間365日，いつどこでどんな話題を振っても，数秒で答えてくれます。

（3）人間に及ばない点 ————————————————

　その一方で，現段階の ChatGPT では，人間には代わり得ない点が多数存在します。このことから ChatGPT は，支援先へのつなぎとして役立つかもしれませんが，メンタルヘルス最後の砦とはなり得ません。

　まず，ChatGPT は，ユーザーのフィードバックや OpenAI 社の規制により，生成される文章の品質が日々変動します。さらに，長文の相談になると，文章が途中で途切れることがよくあります。ChatGPT は人を害さないように進化し続けていますが，何度も再生成すると，「これは言葉に棘があり伝えられない」という文が生成されることも稀にあります。

　精神的に疲れていると，「精神科に行ってください」「法律相談してください」と言われても，気力が湧かずに実行できない場合が多いですが，AI は物理的なサポートができないため，情報提供にとどまり，行動変容にはつながりにくいです。また，ChatGPT は専門的な知識を教えるのではなく，一般的な情報しか提供しないため，つまらなく感じたり，「共感します」という AI の発言に違和感を持ったりする人も多いでしょう。

　さらに，ChatGPT の最大の問題は，信憑性のない情報を提供することがあることです。リファー先として精神科，カウンセリング，弁護士，役所などさまざまありますが，ChatGPT が生成する文章のなかには，適切でないリファー先が含まれることがたびたびありました。

　ChatGPT は，主に英語圏の Web データをもとにした AI であり，日本の

人名や制度については疎いため，誤った情報をさも本当のことのように提供することがあります。このような誤った知識提供は，GPT-3.5を GPT- 4 にしても依然多く存在していることが，各分野ですでに指摘されています。特に医療関連領域にて使用する際には，一段と注意が求められます。そのため，ChatGPT が言っていることを鵜呑みにせず，自分で再確認したり，疑問を持ったりすることが必要です。

　また，AI は人間のような細やかさ，息遣い，テンポ感，心，思いやりといったものは持ち合わせていません。ChatGPT は単に膨大なデータからリワード（報酬）が高いとされる返答を生成するだけであり，言葉の意味や心理療法の内容を理解し，意図を持って行動するわけではありません。よって，ChatGPT が表面上素晴らしい返答をくれるからといって，相談内容に踏み込んですぐ利活用するのは早計です。

　以上のことより，まずメンタルヘルス分野における ChatGPT の活用方法としては，重症度や事例によって適切なリファー先（精神科や NPO）につなぐ，気軽な専門機関への入り口や情報提供の役割を担うべきだと考えられます。この実現には，リファー先の再評価や追加の学習による，リファー先の精度向上が不可欠です。

6　法律家の立場から

　本書のタイトル『自殺対策の新たな取り組み── SNS 相談の実際と法律問題』のキーワードである「自殺対策」と「SNS 相談」について，「法律は自殺対策の役に立っているのか？」という視点と，「SNS 相談員の責任論」という視点で，私見を交えて今後の課題を記します。

（1）法律は自殺対策の役に立っているのか ──────────

　自殺対策基本法，パワハラ防止法[*6]，生活困窮者自立支援法，精神保健福祉法，刑法など，さまざまな角度から自殺防止につながる法制度は存在します[*7]。

　たとえば，自殺対策基本法は，「自殺対策に関し，基本理念を定め，及び国，地方公共団体等の責務を明らかにするとともに，自殺対策の基本となる事項を定めること等により，自殺対策を総合的に推進して，自殺の防止を図り，あわせて自殺者の親族等に対する支援の充実を図り，もって国民が健康で生きがいを持って暮らすことのできる社会の実現に寄与すること」を目的としています。

　また，パワハラ防止法は，事業主に対してパワハラ防止措置などを講じるよう義務づけることで，主に職場における自殺対策に貢献しています。

　精神保健福祉法による措置入院や医療保護入院の制度は，その是非に議論はあるところですが，緊急的に自傷行為を止めることで自殺対策の一環をなしています。

　生活困窮者自立支援法は，字のごとく，生活困窮者の自立を支援することで，経済苦による自殺の抑制につながります。刑法202条の自殺関与罪は，他人が自殺に関与する行為を罰することで，自殺が広がること抑制しようとしています。

　しかし，残念ながら令和以降の自殺者数は減少していないという結果に照らすと，これらの法制度による自殺防止効果は十分ではありません。自殺対策における今後の課題のヒントは，自殺対策基本法第2条の「基本理念」，

───────────

＊6　正式には，労働施策総合推進法の第9章部分です。

＊7　そのほか，児童虐待防止法，配偶者暴力防止法，貸金業法，アルコール健康障害対策基本法，ギャンブル等依存症対策基本法も，間接的に自殺対策に寄与していると言えます。

特に第 4 項*8の「密接な連携」にあると感じています。

　たとえば，弁護士として，経済的に困窮した人の相談を受けることがあります。法律的な観点で見れば，自己破産を検討することになりますが，困窮に至った背景には，虐待経験，知的障害や精神障害の存在，安心できる居場所の不存在など，複雑な事情が絡み合っていることが多々あります。そのような場合，自己破産という法制度を活用することは支援策のほんの一部分であって，根本的な解決（ひいては自殺対策）のためには，医療職，心理職，福祉職，就労支援職など，さまざまな支援者が継続的に関わる必要があります。

　この総合的な支援の必要性については，読者の皆さんも実感していると思いますが，実際に行おうとすると「連携」でつまずくことがあります。まず，公的な「まとめ役」が存在しないため，誰かが率先して「まとめ役」を引き受けないと，支援者同士の連携がうまくいきません。「まとめ役」が不在だと，遠慮し合い，悪く言えば責任の押し付け合いになることもあります。

　また，「本人の同意がないと個人情報は支援者間で共有できない」という守秘義務を貫徹すると，ますます自分の引き受けた範囲のみ支援すればよいという方向にもなりがちです。

　そのため，幅広い専門知識を有して，本人の情報を集約して，各支援職をコーディネートする役割を育成することが，自殺対策における今後の課題と感じています。

（2）SNS 相談員の責任論 ─────────────

　もしも対応した相談者が自殺してしまったとき，カウンセラーの皆さん

＊8　自殺対策基本法第 2 条 4 項「自殺対策は，国，地方公共団体，医療機関，事業主，学校，自殺の防止等に関する活動を行う民間の団体その他の関係する者の相互の密接な連携の下に実施されなければならない」。

は，純粋な悲しみだけでなく，「私の力不足で？」「賠償責任を負うの？」「もう辞めたい……」など複雑な思いが交錯すると思います。

　しかし，第3章で論じたように，カウンセラーの皆さんは，結果として自殺など重大な結果が生じたとしても，よほどの不注意がない限り，法的責任を負うことはありません。人は先行きが見えないことに対して不安になりますので，トラブルに巻き込まれたときの「終着駅（裁判になったら最終的にどうなるのか）」を知っておくことで，不安は和らぎます。ここに法的責任を考える意義があります。

　ただし，法的責任を負わないとしても，「安心した」と一件落着するわけではなく，社会的責任あるいは倫理的責任についても考えなければなりません。このとき，皆さんの価値観，信念，倫理観が問われるのではないでしょうか。正解はありませんが，いくつか選択例を挙げると，「考えすぎると自分が病んでしまうので，法的責任しか気にしない」と，割り切ることも一つの道でしょう。一方，自責の念で相談現場から離れるという選択もあるかもしれません。苦悩しながらも乗り越えて，カウンセラーとして研鑽を積む道を選ぶこともあるでしょう。

　私は，悩んだときは「初心にかえる」「原理原則で考える」ことを心掛けています。なぜ対人援助職（弁護士）を志したのか，さまざまな支援があるなかで，なぜ自殺対策に関わろうと考えたのか，弁護士としてできることは何か，できないことは何か。

　このように，法的責任にとどまらず，社会的責任を問い続けることが，自殺対策における今後の課題と感じています。

COLUMN 6

SNS 依存

　人はなぜ，SNS に依存するのでしょうか。依存することは何を示すのでしょうか。この答えはまだ出ていません。

　インターネット依存に関心が持たれるようになったのは，キンバリー・ヤング『インターネット中毒　まじめな警告です』(1998) が出版されたことが大きいです。90年代後半はインターネットが一般市民に開放されたために，ポジティブな面でもネガティブな面でも研究が進みました。心理学者のヤングは，デジタル依存は薬物依存やアルコール依存と似ていると考えていました。

　現代では，SNS はデジタルのなかでも，依存対象になりやすいコンテンツの一つです。アメリカの精神医学会が2013年に作成した，DSM-5（『精神障害の診断・統計マニュアル』）で，「インターネット・ゲーム障害」(Internet Gaming Disorder : IGD) を提言しました。ただし，エビデンスの蓄積が必要として，「予備的診断基準」となっていました。

　その後2019年，世界保健機構（WHO）が，国際疾病分類「ICD」の最新版（ICD-11）の「嗜癖行動症（障害）群」のなかで，「ゲーム症（障害）」として依存症の分野に加えました。当初は，SNS を含めた「インターネット」全般に関わる嗜癖と疾病単位とするかが議論されましたが，「ゲーム」のみが取り上げられました。「ゲーム症（障害）」の定義としては，以下の項目すべてを満たすことです。

①持続的または再発性のゲーム行動パターン（オンラインまたはオフライン）で以下のすべての特徴を示す。
　●ゲームのコントロール障害がある（たとえば，開始，頻度，熱中

度, 期間, 終了, プレイ環境などにおいて)。
- ●ほかの生活上の関心事や日々の活動よりゲームが先にくるほど, ゲームをますます優先する。
- ●問題が起きているのにもかかわらず, ゲームを継続またはさらにエスカレートさせる (問題とは, たとえば, 反復する人間関係問題, 仕事または学業上の問題, 健康問題)。

②ゲーム行動パターンは, 持続的または一時的かつ反復的で, ある一定期間続く (たとえば, 12カ月)。

③ゲーム行動パターンは, 明らかな苦痛や個人, 家族, 社会, 教育, 職業や他の重要な部分において著しい障害を引き起こしている。

　結局, 「依存としての特徴」を持っていたのは, インターネットのなかでも「ゲーム」だけだったことで, ICD-11では「インターネット」という文言が外れました。それだけ, オンラインゲームは依存として見えやすいサービスだということができます。もちろんSNSの依存についても話し合われましたが, 結果として「インターネット依存」や「SNS依存」は, 疾病概念に採用されませんでした。

　国内では, インターネット依存, SNS依存は徐々に臨床的には注目されています。ただし, 医学的な診断基準が未整備のため, 正式には「インターネット依存」「SNS依存」は認められていません。関心を寄せる医療機関の一つ, 独立行政法人国立病院機構久里浜医療センターには, 「インターネット依存治療研究部門」があります。センターのサイトには, 「Internet Addiction Test (インターネット依存度テスト: IAT)」[*9]が公開されています。これは, キンバリー・タングが作成したインターネット依存の尺度に準じています。

　そこには20の質問があります。これらの質問に, 「全くない (1点)」「まれにある (2点)」「ときどきある (3点)」「よくある (4点)」「い

つもある（5点）」のいずれかで答えます（表6-1）。

　ただし，久里浜医療センターの有病率調査については，ゲーム症の過剰診断を懸念する声もあります。そのため，慎重に見ていく必要があります。

　取材をしていると，SNS の書き込みチェックやメッセージのやり取りに，時間的，精神的に依存する人たちを見かけます。私もかつて，Yahoo! JAPAN が提供するチャットサービス（2014年サービス終了）に依存したことがあります。そのときの体験は，拙著『チャット依存症候群』（渋井，2003）に書いています。長時間の利用と精神的な依存がセットで，チャットルームに入っていないときでも，チャット内の人間関係や会話が気になっていました。しかも，楽しい人間関係よりも，やや負の面がある人間関係に依存していた気がします。

　ポジティブな情報の渦の中にいるよりも，ネガティブな情報の中で過ごしているほうが時間的に長く，精神的にも安定することがあります。「SNS こそが居場所である」と認識できるからです。その居場所空間の中で過ごすことは，ときに排他的になります。つまり，居場所としての空間を守ろうとするために，その空間での人間関係や価値観に依存します。その居場所で考えたことや立ち振る舞いが正しさの基準になり，ネガティブな情報であればあるほど，その傾向が強まります。現実の人間関係にも当てはめてしまうこともあります。

　座間事件の被害者たちは，「死にたい」とつぶやくことで Twitter を居場所にしていました。だからこそ，被害者の女子高生の行動を別の Twitter ユーザーが止めようとしたとき，所在を知られないようなやり取りをしていました。自殺を止めようとする価値観とは相反したからでしょう。つまり，自殺を明確に止めれば止めるほど，自殺に向かうコ

＊9　https://kurihama.hosp.go.jp/hospital/screening/iat.html

表6-1　インターネット依存度テスト

1　気がつくと思っていたより，長い時間インターネットをしていることがありますか。

2　インターネットをする時間を増やすために，家庭での仕事や役割をおろそかにすることがありますか。

3　配偶者や友人と過ごすよりも，インターネットを選ぶことがありますか。

4　インターネットで新しい仲間を作ることがありますか。

5　インターネットをしている時間が長いと周りの人から文句を言われたことがありますか。

6　インターネットをしている時間が長くて，学校の成績や学業に支障をきたすことがありますか。

7　他にやらなければならないことがあっても，まず先に電子メールをチェックすることがありますか。

8　インターネットのために，仕事の能率や成果が下がったことがありますか。

9　人にインターネットで何をしているのか聞かれたとき防御的になったり，隠そうとしたことがどれくらいありますか。

10　日々の生活の心配事から心をそらすためにインターネットで心を静めることがありますか。

11　次にインターネットをするときのことを考えている自分に気がつくことがありますか。

12　インターネットの無い生活は，退屈でむなしく，つまらないものだろうと恐ろしく思うことがありますか。

13　インターネットをしている最中に誰かに邪魔をされると，いらいらしたり，怒ったり，大声を出したりすることがありますか。

14　睡眠時間をけずって，深夜までインターネットをすることがありますか。

15　インターネットをしていないときでもインターネットのことばかり考えていたり，インターネットをしているところを空想したりすることがありますか。

16　インターネットをしているとき「あと数分だけ」と言っている自分に気がつくことがありますか。

17　インターネットをする時間を減らそうとしても，できないことがあり
ますか。

18　インターネットをしていた時間の長さを隠そうとすることがあります
か。

19　誰かと外出するより，インターネットを選ぶことがありますか。

20　インターネットをしていないと憂うつになったり，いらいらしたりし
ても，再開すると嫌な気持ちが消えてしまうことがありますか。

【20～39点】　平均的なオンライン・ユーザーです。

【40～69点】　インターネットによる問題があります。インターネットがあ
なたの生活に与えている影響について，よく考えてみてください。

【70～100点】　インターネットがあなたの生活に重大な問題をもたらしてい
ます。すぐに治療の必要があるでしょう。

（久里浜医療センター HP より一部抜粋）

ミュニティに依存していく典型例を示す事件だったのです。

　ただ，SNS 依存について心配であっても，スマホなどを無理に取り
上げないことが賢明です。インターネットとの付き合いを上手にするこ
とが最終目標であるため，家族内でルールを設定し，守ることができる
かどうかが，SNS 依存の治療が必要かどうかの判断の基準になるでしょ
う。ルールが守れない場合や依存傾向が続く場合は，インターネット依
存か，依存症全般に詳しい医療機関の治療を受けることが望ましいで
す。

文　献

■第1章

相田くひを（1999）.『インターネット自殺毒本』マイクロデザイン出版局

厚生労働省「SNS を活用した相談に関する作業部会」（2019）.『自殺対策における SNS 相談事業（チャット・スマホアプリ等を活用した文字による相談事業）ガイドライン』

京都新聞（2022）.「オーバードーズ」で女子高生死亡，大量の向精神薬渡した男に有罪判決「危険性高い犯行」2022年 7 月28日.

美智子交合（1999）.『わたしが死んでもいい理由』太田出版

渋井哲也（2007）.『若者たちはなぜ自殺するのか』長崎出版

渋井哲也（2019）.『ルポ平成ネット犯罪』筑摩書房

渋井哲也（2021）.「『歌舞伎町で援デリ業者と出会って』トー横キッズが語る "帰りたくても帰れない理由"」文春オンライン　https://bunshun.jp/articles/-/51134（2024年 3 月 5 日閲覧）

渋井哲也（2022）.『ルポ座間 9 人殺害事件——被害者はなぜ引き寄せられたのか』光文社

渋井哲也（2022）.「新聞記事にみる『生きづらさ』という言葉に関する使用や意味について」『中央大学文学部紀要　社会学・社会情報学』32，31-48.

渋井哲也（2022）.「女子大生死体遺棄事件『わたしも死に方聞きました』直接会った別の女性が証言する容疑者の実像」弁護士ドットコム　https://www.bengo4.com/c_1009/n_15179/（2024年 3 月 5 日閲覧）

渋井哲也（2023）.「『他の男のものになるなら』動画配信で知り合った女性ライバー殺害，男性リスナーの身勝手な『支配欲』」弁護士ドットコム　https://www.bengo4.com/c_1009/n_16001/（2024年 3 月 5 日閲覧）

新行内勝善（2020）. 今こそ知ろう!　SNS 相談　第 1 回　SNS 相談を通して見る今の子どもたち　月刊学校教育相談，34（5），50-53.

新行内勝善（2020）.「今こそ知ろう!　SNS 相談　第 2 回　SNS 相談に特徴的な12のこと」『月間学校教育相談』34（6），56-69.

新行内勝善（2020）.「今こそ知ろう!　SNS 相談　第 3 回　新型コロナウイルス感染拡大の中での SNS 相談」『月刊学校教育相談』34（7），54-57.

杉原保史・宮田智基編著（2019）.『SNS カウンセリング・ハンドブック』誠信書房

玉井仁・新行内勝善・武藤収（2019）.「SNS 相談の実際と今後の展望に向けて：厚生労働省の SNS 相談委託事業の結果を土台に」『アディクションと家族』34（2），146-153.

鶴見済（1993）.『完全自殺マニュアル』太田出版

■第 2 章

ハンセン，アンデシュ（2020）．『スマホ脳』新潮社　p. 139

石黒圭（2020）．『リモートワークの日本語──最新オンライン仕事術』小学館

（一社）電気通信事業者協会・（一社）テレコムサービス協会・（一社）日本インターネットプロバイダー協会・（一社）日本ケーブルテレビ連盟（2005）．インターネット上の自殺予告事案への対応に関するガイドライン

厚生労働省「SNS を活用した相談に関する作業部会」（2019）．『自殺対策における SNS 相談事業（チャット・スマホアプリ等を活用した文字による相談事業）ガイドライン』

Joiner, T. E. Jr. 他著／北村俊則監訳（2011）．『自殺の対人関係理論──予防・治療の実践マニュアル』日本評論社

Suler, J.（2004）. The online disinhibition effect. CyberPsychology & Behavior, **7**（3）, 321-326.

杉原保史・宮田智基編著（2019）．『SNS カウンセリング・ハンドブック』誠信書房

高橋祥友（2022）．『自殺の危機──臨床的評価と危機介入〔第 4 版〕』金剛出版

■第 3 章

浅田眞弓（2019）．医療判例解説，**81**，10-16.

ハンセン，アンデシュ（2020）．『スマホ脳』新潮社

林誠司（2020）．判例評論，**739**，8.

劒持淳子（2009）．「大阪民事実務研究 医師の顛末報告義務違反による損害賠償請求に関する最近の裁判例の動向」『判例タイムズ』**1304**，35-59.

木ノ元直樹（2005）．「精神科における自殺事故と民事責任」『判例タイムズ』**1163**，63-80.

國宗省吾・藤田圭祐・大須賀謙一・酒本雄一・野口奈央・吉岡知紀・一花有香里・松井馨太朗（2019）．「精神科における損害賠償請求に係る諸問題」『判例タイムズ』**1465**，28.

窪田充見（2018）．『不法行為法──民法を学ぶ（第 2 版）』有斐閣出版

桃崎剛（2023）．「医療訴訟の審理運営について」『判例タイムズ』**1505**，9.

西山健治郎（2020）．「判例紹介『遠隔診療（家族とのメール）による患者の自殺につき医師の過失が否定された例（最判平成31年 3 月12日裁判時報1720号 1 頁）』」『年報医事法学』，**35**，198.

潮見佳男（2021）．『新契約各論 II』信山社

杉原保史・宮田智基編著（2019）．『SNS カウンセリング・ハンドブック』誠信書房

Suler, J.（2004）. The online disinhibition effect. *CyberPsychology & Behavior*, **7**（3）, 321-326.

高橋祥友（2022）『自殺の危険──臨床的評価と危機介入〔第 4 版〕』金剛出版

鳥飼康二（2021）．「カウンセリングの分野におけるさまざまな義務について」『Q & A で学ぶカウンセラー・研修講師のための法律』誠信書房

鳥飼康二（2022）．『裁判事例で学ぶ対人援助職が知っておきたい法律──弁護士にリ

　ファーした後に起きること』誠信書房
鳥飼康二（2023）．『対話で学ぶ対人援助職のための個人情報保護法』誠信書房

■第4章

厚生労働省「SNSを活用した相談に関する作業部会」（2019）．『自殺対策における SNS
　相談事業（チャット・スマホアプリ等を活用した文字による相談事業）ガイドライン』
内閣サイバーセキュリティセンター（2024）．『インターネットの安全・安心ハンドブッ
　ク』
日本臨床救急医学会（2009）．現在の死にたい気持ち（自殺念慮・希死念慮）の確認　自
　殺未遂患者への対応——救急外来（ER）・救急科・救命救急センターのスタッフのため
　の手引き　p. 7
杉原保史・宮田智基編著（2019）．『SNS カウンセリング・ハンドブック』誠信書房
新行内勝善（2020）．「今こそ知ろう！SNS 相談（第2回）SNS 相談に特徴的な12のこと」
　『月刊学校教育相談』34（6），56-59.
心理学研究会（2023）．『令和4年　心理学手帳［2023年版］』創元社
高橋祥友（2014）．『自殺の危険——臨床的評価と危機介入（第3版）』金剛出版
鶴見済（1993）．『完全自殺マニュアル』太田出版
鶴見済（1994）．『ぼくたちの「完全自殺マニュアル」』太田出版
読売新聞オンライン「SNS に自殺願望，不特定多数とつながり感情増幅の恐れ…追いつ
　かぬ投稿削除や相談」2023年3月17日 https://www.yomiuri.co.jp/national/20230317-
　OYT1T50167/

■第5章

蛭田振一郎・中村心（2010）．「いじめをめぐる裁判例と問題点」『判例タイムズ』1324,
　68-77.
細川潔・和泉貴士・田中健太郎（2021）．『弁護士によるネットいじめ対応マニュアル——
　学校トラブルを中心に』エイデル研究所
松本俊彦（2015）．『もしも死にたいと言われたら——自殺リスクの評価と対応』中外医学
　社
永谷典雄・谷口安史・上拂大作・菊池浩也（編）（2020）．『破産・民事再生の実務〔第4
　版〕』金融財政事情研究会
鳥飼康二（2023）．『対話で学ぶ対人援助職のための個人情報保護法』誠信書房
横田昌紀（2012）．「大阪民事実務研究　児童生徒のいじめ自殺訴訟の現状——因果関係を
　中心に」『判例タイムズ』1324, 4-29.

■第6章

菊池愛美・今井健（2022）．「自殺対策相談チャットの事前相談文からのリスク評価可能性

に関する検討」『医療情報学』**42**（Suppl.），1098-1103.

K・ヤング著，小田嶋由美子訳（1998）．『インターネット中毒――まじめな警告です』毎日新聞社

木津喜雅・吉野さやか・金子善博・本橋豊（2020）．「米国 Crisis Text Line のテキスト相談の現状と課題」『自殺総合政策研究』**2**（1），27-46.

三原聡子（2020）．「インターネット依存とゲーム障害とは？」『心理学ワールド』91　https://psych.or.jp/publication/world091/pw07/

渋井哲也（2023）．『チャット依存症候群（シンドローム）』教育史料出版会

渋井哲也（2022）．『ルポ座間9人殺害事件――被害者はなぜ引き寄せられたのか』光文社

あとがき

　本書が執筆できましたのは，たくさんの方々のお力があってこそのことと考えています。まず，多くのお力いただきました方々に，心より厚く御礼申し上げます。

　誠信書房中澤様・山口様，共編の鳥飼先生，そして本書執筆くださった各先生方，カウンセラーの皆さん，誠にありがとうございました。そしてもちろん，SNS 相談を，自殺対策の相談のためにここまで真摯に携わってきてくださっているカウンセラー・スタッフの皆さんにも御礼をお伝えしたいと思います。これまで NPO 東京メンタルヘルス・スクエアの SNS 相談「こころのほっとチャット」に，何らかの形で携わっている皆さんはおよそ250名にもなります，大変にありがとうございました，引き続きよろしくお願いいたします。

　また，厚生労働省の SNS 相談に共に取り組んできている他団体の方，共に歩んでいる同志の方々とも切磋琢磨していくことでこれまでやってこれていると考えています。さらに広くは，自殺対策をこれまで推し進めてきた先人の方々のたゆまぬ努力の上に，今日の自殺対策があると考えています。本書の参考文献等にあげさせていただきました先生方はもちろん，ほかにも多くの先生方の活動とその著作から非常に多くのものを学ばせていただきました，大変にありがとうございます。これからも，まだまだ勉強しなければいけないことが数多くありますので，引き続き多くを学ばせて力にさせていただきます。

　そして何よりも，この活動は，厚生労働省の補助を得て行っているものであり，それはとりもなおさず国民の皆さんおひとりお一人の税金等を元にして成り立っています。人々の役に立たない SNS 相談であったとするならば，それでは活動をしていく価値はありません。さらに人々の役に立つ

SNS 相談であり続けるために，たゆまぬ努力を続けていきたいと思います。

　私自身の恩師はたくさんの方々がいますが，お一人は，この誠信書房より数々の著作を出している故國分康孝先生です。國分康孝先生に，ある授業で質問した際，そのとき先生から返ってきた言葉は，「クライアントの役に立つものならなんでも使え！」というものでした。SNS 相談も使い，國分先生の気概と優しさを引き続き胸に持ち続け，活動してまいります。

　最後に，弊団体前理事長の武藤清栄には，言い尽くせぬほどのたくさんのお世話をいただいてきています。その武藤が昨年末，筆者に「やりきった感あるでしょ？」と唐突に聞かれました。もちろん SNS 相談のことですが，筆者にとっては珍しくも，「はい，そうですね」と笑顔ではっきりと答えることができました。これも武藤の教えがあってのことです。

　ですが，実はまだまだやりきっておらず，歩みを止めるわけにはいかないことが本書執筆のなかで見えてきました。引き続き多くの方々のお力をいただきつつ，歩みを進めてまいります。

編者　新行内勝善

■編著者紹介

鳥飼 康二（とりかい こうじ）

1975年生まれ。京都大学農学部卒業，同大学院農学研究科修了。日本たばこ産業株式会社勤務を経て，一橋大学法科大学院修了後，2011年より弁護士登録（東京弁護士会，中野すずらん法律事務所）。2016年産業カウンセラー資格取得（一般社団法人日本産業カウンセラー協会）。

著書：『事例で学ぶ発達障害の法律トラブルＱ＆Ａ』ぶどう社2019年，『Q&Aで学ぶカウンセラー・研修講師のための法律——著作権，契約トラブル，クレームへの対処法』誠信書房2021年，『裁判事例で学ぶ対人援助職が知っておきたい法律——弁護士にリファーした後に起きること』誠信書房2022年，『対話で学ぶ対人援助職のための個人情報保護法』誠信書房2023年

新行内 勝善（しんぎょううち かつよし）

1969年生まれ。東洋大学社会学部卒業。株式会社大地を守る会勤務を経て，東京成徳大学大学院心理学研究科カウンセリング専攻修士課程修了。NPO東京メンタルヘルス・スクエア副理事長，東京メンタルヘルス株式会社法人事業部長代理，千葉県スクールソーシャルワーカー。

著書：『メールカウンセリング——その理論・技法の習得と実際』（分担執筆）川島書店2006年，『ニート・ひきこもりと親——心豊かな家族と社会の実現へ』（分担執筆）生活書院2008年，『ここがコツ！実践カウンセリングのエッセンス』（分担執筆）日本文化科学社2009年，『SNSカウンセリングの実務導入から支援・運用まで』（分担執筆）日本能率協会マネジメントセンター2021年

■**著者紹介** （執筆順）（所属等は初版執筆時現在）

渋井哲也 （しぶい　てつや）

　フリーライター，ノンフィクション作家

新行内勝善 （しんぎょううち　かつよし）

　編著者紹介参照

浮世満理子 （うきよ　まりこ）

　一般社団法人全国心理業連合会代表理事，一般財団法人全国 SNS カウンセリング協議会常務理事

久保木亮介 （くぼき　りょうすけ）

　中野すずらん法律事務所　弁護士

小黒明日香 （おぐろ　あすか）

　カウンセラー，公認心理師，情報処理安全確保支援士

鳥飼康二 （とりかい　こうじ）

　編著者紹介参照

森本純代 （もりもと　すみよ）

　臨床心理士，公認心理師

賀澤美樹 （かざわ　みき）

　公認心理師，キャリアコンサルタント，シニア産業カウンセラー

藤原朋弘 （ふじわら　ともひろ）

　中野すずらん法律事務所　弁護士

玉井　仁 （たまい　ひとし）

　東京メンタルヘルス株式会社カウンセリングセンター長，臨床心理士，公認心理師

北村珠里（きたむら　じゅり）
　東京メンタルヘルス株式会社カウンセラー，公認心理師，精神保健福祉士，社会福祉士

中野かおる（なかの　かおる）
　精神保健福祉士，公認心理師

芝　順子（しば　じゅんこ）
　カウンセリングルームなないろ心理カウンセラー

国広多美（くにひろ　たみ）
　東京メンタルヘルス株式会社　心理カウンセラー

金成伊佐子（かねなり　いさこ）
　東京メンタルヘルス株式会社　心理カウンセラー

田中謙二（たなか　けんじ）
　公認心理師，精神保健福祉士，社会福祉士

温間隆志（ぬま　たかし）
　NPO法人東京メンタルヘルス・スクエア 理事・事務局長

小川妙子（おがわ　たえこ）
　東京メンタルヘルス株式会社チーフカウンセラー

菊池愛美（きくち　まなみ）
　東京大学大学院医学系研究科社会医学専攻博士課程

今井　健（いまい　けん）
　東京大学大学院医学系研究科疾患生命工学センター医工情報学部門 准教授

自殺対策の新たな取り組み
——SNS相談の実際と法律問題

2024年4月10日　第1刷発行

編　著　者	鳥　飼　康　二
	新行内　勝　善
発　行　者	柴　田　敏　樹
印　刷　者	藤　森　英　夫

発行所　株式会社　**誠　信　書　房**
〒112-0012　東京都文京区大塚3-20-6
電話03（3946）5666
https://www.seishinshobo.co.jp/

SNSカウンセリング・ハンドブック

杉原保史・宮田智基 編著

ＳＮＳ相談実績のある執筆陣がＳＮＳカウンセリングに必要な知識・技法を紹介。需要がますます増える相談員の研修に最適なテキスト。

A5判並製　定価(本体2600円＋税)

SNSカウンセリング・ケースブック
事例で学ぶ支援の方法

杉原保史 監修
宮田智基・畑中千紘・樋口隆弘 編著

ＳＮＳカウンセリングでの相談内容や対話の展開、支援の実際が、豊富な "逐語録" と解説で体感できる。相談員のトレーニングに最適。

A5判並製　定価(本体2700円＋税)

SNSカウンセリング・トレーニングブック

**杉原保史・宮田智基・畑中千紘・
樋口隆弘・鈴木優佳 編著**

SNSカウンセラーのスキルアップに最適の
ワークを厳選。SNS画面に似せて示した事例
や応答技法エクササイズで模擬訓練ができる。

A5判並製　定価(本体2700円＋税)

テキスト カウンセリング入門
文字のやり取りによる心理支援

杉原保史・原田 陸・長村明子 編

メールや手紙など、文章をやり取りするカウン
セリング。その特徴や強み、実践上の工夫を文
例とともに解説。遠隔心理支援でも使える。

A5判並製　定価(本体2200円＋税)

裁判事例で学ぶ
対人援助職が知っておきたい法律
弁護士にリファーした後に起きること

鳥飼康二 著

本書は、いずれも裁判所にて調停・審判等を行う案件で対人援助職から弁護士へリファーされた事例を、裁判過程（時系列）に沿ってＱ＆ＡやColumnで解説している。また各章末には、対人援助職から弁護士への質問も掲載。裁判の実際を体感的に学びながら、困難事例の解決への流れや、弁護士の探し方・費用、対人援助職として関われることが把握できる。

A5判並製　定価(本体2400円+税)

対話で学ぶ
対人援助職のための個人情報保護法

鳥飼康二 著

弁護士・産業カウンセラーの著者による３作目。研修会で好評を博している講義が、待望の書籍となって登場。
改正個人情報保護法の中でも援助職に必須の条項を取り上げ、コミカルなシナリオ仕立てで解説。巻末には契約書等のサンプルも掲載。

A5判並製　定価(本体1800円+税)

Q & A で学ぶ カウンセラー・研修 講師のための法律

著作権、契約トラブル、クレームへの対処法

鳥飼康二 著

カウンセラーや研修講師が遭遇しやすい法律問題を、弁護士であり産業カウンセラーの著者が分かりやすく解説。PowerPoint のスライドに関わる著作権や、契約締結時に注意すべきこと、クレームへの法的責任など、よくある疑問 40 個に答える。各種研修での著作物の取り扱い方など、教育機関や企業の人事総務担当の方も必読の内容となっている。

A5判並製　定価(本体1800円＋税)

心の専門家が 出会う法律 [新版]

臨床実践のために

金子和夫 監修
津川律子・元永拓郎 編

定評ある書籍の最新版。公認心理師法にも 1 章を充て、試験対策にも最適。この一冊で心の専門家が関わる法と実務が把握できる。

A5判並製　定価(本体2400円＋税)

ステップアップ
カウンセリング
スキル集
今さら聞けない12の基礎技法

浜内彩乃 著

最重要12技法を1章に一つずつ具体的に解説。1週間に1章ずつまたは1カ月に1章ずつ基礎技法を積み上げて力のある臨床家になる。

A5判並製　定価(本体2400円＋税)

プロが教える
共感的カウンセリ
ングの面接術

古宮昇 著

面接の枠組み、応答法、トレーニング法など、初心者が悩む点を重点的に解説。押さえておきたいカウンセリングの勘どころがつかめる。

A5判並製　定価(本体2700円＋税)